CONVITE À REFLEXÃO

LIBERDADE
POLÍTICA

LIBERDADE
política

Alberto Ribeiro
Gonçalves
de Barros

70

discurso editorial

LIBERDADE POLÍTICA
© Almedina, 2020
AUTOR: Alberto Ribeiro Gonçalves de Barros
COORDENAÇÃO EDITORIAL: Milton Meira do Nascimento
EDITOR DE AQUISIÇÃO: Marco Pace
PROJETO GRÁFICO: Marcelo Girard
REVISÃO: Roberto Alves
DIAGRAMAÇÃO: IMG3
ISBN: 9786586618150

Dados Internacionais de Catalogação na Publicação (CIP)
(Câmara Brasileira do Livro, SP, Brasil)

Barros, Alberto Ribeiro Gonçalves de
Liberdade política / Alberto Ribeiro Gonçalves de
Barros. -- São Paulo : Edições 70, 2020.

Bibliografia
ISBN 978-65-86618-15-0

1. Ciências políticas 2. Ciências políticas -
Filosofia 3. Liberdade I. Título..

20-39227 CDD-323.44

Índices para catálogo sistemático:
1. Liberdade : Ciência política 323.44
Maria Alice Ferreira - Bibliotecária - CRB-8/7964

Este livro segue as regras do novo Acordo Ortográfico da Língua Portuguesa (1990).

Todos os direitos reservados. Nenhuma parte deste livro, protegido por copyright, pode ser reproduzida, armazenada ou transmitida de alguma forma ou por algum meio, seja eletrônico ou mecânico, inclusive fotocópia, gravação ou qualquer sistema de armazenagem de informações, sem a permissão expressa e por escrito da editora.

Setembro, 2020

EDITORA: Almedina Brasil
Rua José Maria Lisboa, 860, Conj.131 e 132
Jardim Paulista | 01423-001 São Paulo | Brasil
editora@almedina.com.br
www.almedina.com.br

Sumário

Introdução   9

Capítulo 1
Duas concepções de liberdade   11

Capítulo 2
Liberdade negativa e liberalismo   27

Capítulo 3
Liberdade positiva e suas diversas expressões   51

Capítulo 4
A concepção neorrepublicana de liberdade   77

Conclusão   101

Bibliografia   105

Aos professores e amigos
Rolf Kuntz, Sérgio Cardoso, Newton Bignotto

Introdução

O debate sobre a liberdade voltou a ocupar um lugar de destaque na teoria política, principalmente depois da experiência dos regimes totalitários, como o fascismo, o nazismo e o stalinismo. No esforço de compreender o fenômeno do totalitarismo, autores como Friedrich Hayek, em *The Road to Serfdom* (1944), Karl Popper, em *The Open Society and Its Enemies* (1945), Hannah Arendt, em *The Origins of Totalitarianism* (1951), Jacob Talmon, em *The origins of totalitarian democracy* (1952), entre outros, dirigiram sua atenção para o que significava ser livre no âmbito social e político. Eles não estavam interessados no tradicional problema metafísico da relação entre liberdade e necessidade, nem no debate filosófico-teológico em torno do livre-arbítrio, muito menos na questão psicológica da liberdade interior. Eles queriam sobretudo esclarecer o sentido da liberdade no espaço público, seja nas relações sociais entre os indivíduos, seja nas relações do indivíduo com o Estado e o governo.

O objetivo deste livro é tratar da liberdade nessa perspectiva social e política. Ele visa apresentar de maneira introdutória as principais concepções de liberdade encontradas no debate político contemporâneo, sua origem, seu significado e suas implicações.

O ponto de partida será o ensaio de Isaiah Berlin, "Two concepts of liberty" (1958), que se tornou uma referência fundamental no período do pós-guerra, ao opor dois sentidos distintos de liberdade e associar o sentido negativo à tradição liberal e o sentido positivo à tradição socialista. O segundo capítulo irá discutir a presença da liberdade negativa, tal como definida por Berlin, nas várias correntes do pensamento liberal. No terceiro capítulo serão abordadas as várias expressões da liberdade positiva no pensamento político moderno e contemporâneo. O quarto e último capítulo irá tratar da concepção neorrepublicana de liberdade, apresentada como uma alternativa para superar a oposição entre a liberdade negativa dos liberais e a liberdade positiva dos socialistas e comunitaristas. Por fim, numa sintética conclusão, serão feitos breves comentários sobre o debate contemporâneo.

CAPÍTULO 1

Duas concepções de liberdade

No ensaio "Two concepts of liberty", Berlin examina o que ele considera os dois principais sentidos historicamente atribuídos ao conceito de liberdade: o sentido negativo que responde à pergunta sobre qual deve ser a esfera de ação que o agente – indivíduo ou grupo de indivíduos – deve ter para realizar o que é capaz de realizar, sem sofrer a interferência de outros agentes; e o sentido positivo que responde à pergunta sobre a origem da determinação da ação do agente.

A liberdade no sentido negativo é caracterizada pela área na qual um agente tem a possibilidade de agir sem ser impedido ou de não agir sem ser coagido por outros agentes. Ela é desse modo definida pela não interferência, mais ou menos intencional, no campo de ação de um agente, impedindo-a ou tornando-a inelegível, tanto pela coação física direta quanto por uma ameaça verídica.

Berlin ressalta que apenas a coerção – a decisão de um agente de impedir ou restringir a ação de outro agente – pode ser considerada um obstáculo à liberdade. Já outros fatores, como a incapacidade física ou econômica de realizar o que se pretende, não afetam ou restringem a liberdade, uma vez que não são impedimentos baseados na coação de outros agentes, mas limitações do próprio agente.

No âmbito político, como o foco não está na origem da interferência, mas na área em que não há intervenção, a questão sobre quem governa não é considerada tão relevante como a questão o quanto se é governado. Berlin chega a afirmar que um governo democrático pode restringir mais a liberdade, se interferir demasiadamente nas escolhas e ações de seus cidadãos, do que um governo autoritário que permita um amplo campo de ação individual. Desse modo, a liberdade no sentido negativo não está vinculada a uma forma específica de regime político, sendo compatível com qualquer governo que garanta aos indivíduos o maior espaço possível de ação sem interferências.

Berlin lembra que os filósofos modernos já reconheciam que os indivíduos não podem permanecer totalmente livres, sem qualquer forma de restrição, pois isto levaria ao caos social. Por isso, admitiam que era preciso restringir parte da liberdade natural em favor de outros valores, como a segurança, a paz e a ordem social. Mas eles ressaltavam que deveria haver uma área mínima para a ação individual que não poderia ser violada de forma alguma pelos outros indivíduos ou pelo Estado. Daí a importância que atribuíam ao traçar de maneira adequada a fronteira entre uma esfera de ação independente do controle social e uma esfera de atuação da autoridade pública, de tal modo que a ordem social pudesse ser mantida e todos pudessem desfrutar do mais amplo espaço possível de não interferência.

No entanto, se a restrição da liberdade individual é inevitável na vida social, é preciso distinguir, segundo Berlin, as limitações que operam em favor da liberdade daquelas que são realizadas em nome de outros valores. Se é necessário muitas vezes restringir a liberdade no interesse da própria liberdade, protegendo-a de seus excessos, só se admite que seja limitada com este objetivo, não em nome da igualdade, do bem-estar, da justiça social ou de qualquer outro valor. O sacrifício da liberdade individual em favor de uma maior igualdade econômica, por exemplo, pode ser uma exigência moral, mas não representa jamais um acréscimo de uma suposta liberdade social. Por isso, é sempre necessário manter o princípio de que a restrição à liberdade individual não deve ser maior do que a necessária para a compatibilização da liberdade de todos os membros da sociedade.

Já a liberdade no sentido positivo é caracterizada pela autodeterminação, ou seja, pela disposição do agente de ser senhor de si mesmo e de estabelecer a norma de sua própria ação. Ela não designa a ausência de algo (liberdade de), mas a presença de um atributo específico do querer (liberdade para), enfatizando a autonomia do agente e a sua capacidade de controle sobre suas ações.

De acordo com Berlin, os dois aspectos mais relevantes que esse ideal de liberdade tem historicamente assumido são a autoabnegação e a autorrealização. A autoabnegação é considerada um ideal frequentemente associado à retirada do indivíduo para uma cidadela interior, na qual é possível a autoemancipação, já que nenhuma força externa pode lhe atingir. Em seu território interno, onde a sociedade, a opinião pública e o mundo empírico da causalidade não impõem qualquer jugo, o indivíduo é capaz de se autodeterminar. Mas, se autoabnegação pode ser fonte de integridade, de serenidade e de força espiritual, ela não pode ser considerada uma expressão da liberdade social, visto que não se relaciona com a vida em sociedade.

Já a autorrealização é identificada com o programa do 'racionalismo esclarecido', sintetizado na ideia de que compreender o mundo é libertar-se do que é contingente. O pressuposto é que, ao compreender a necessidade de algo, o indivíduo não poderia desejar coisa distinta, pois querer algo diferente do que deve ser seria ignorância ou irracionalidade. Desse modo, o indivíduo é livre se, e somente se, impuser a si mesmo, ou, ao menos se aceitar, o que é necessário, isto é, racional. A verdadeira liberdade consiste em encontrar pela razão e em perseguir pela vontade a autêntica finalidade da existência humana. O ponto de partida desse ideal é a tradicional divisão entre uma natureza inferior, empírica ou heterônoma, do indivíduo, ligada aos instintos e paixões, e uma natureza superior, transcendental ou autônoma, responsável pelas ações racionais. A liberdade estaria no autodomínio racional, pois ser livre é governar a si mesmo de acordo com os ditames da razão, aceitando a norma dada pela sua natureza superior. Ao obedecer à razão, a única capaz de diferenciar o que é necessário do que é acidental, o indivíduo obedeceria a si mesmo, pois só se submeteria à lei criada e imposta por ele mesmo, com base em sua razão, e seria dessa forma verdadeiramente livre.

O problema, segundo Berlin, está na aplicação do autogoverno racional do indivíduo à sociedade, ou seja, na transposição indevida do autodomínio individual para o campo social. Isso acontece quando aquela natureza superior é associada a um grupo ou uma comunidade da qual o indivíduo é apenas um elemento ou quando uma instituição social, como um sindicato, partido, Igreja ou governo, arroga-se portadora da razão e conhecedora da verdadeira finalidade da existência humana. Por ser dotada de uma natureza superior e saber o que é necessário, ela poderia impor suas diretrizes, muitas vezes sem pedir permissão ou mesmo ter consentimento de seus membros, reprimindo aqueles que não cumprissem suas determinações. O motivo seria que suas diretrizes só pareceriam estranhas para aqueles cuja racionalidade estivesse adormecida pelas paixões ou ainda não estivesse desenvolvida pela adequada educação. Os membros recalcitrantes deveriam então ser forçados a serem livres, isto é, a obedecerem à sua própria razão.

De acordo com Berlin, os dois sentidos de liberdade se desenvolveram historicamente em direções divergentes. O sentido negativo, proveniente da defesa de um espaço de liberdade individual independente da esfera do controle social, poderia ser observado nos escritos políticos de Locke, Constant, Stuart Mill, Tocqueville e tantos outros autores liberais que defenderam a necessidade de um campo mínimo de ação, livre de qualquer ingerência ou coerção, para que os indivíduos pudessem desenvolver suas faculdades naturais. Já a liberdade no sentido positivo, sustentada na exigência, ou mesmo no postulado, de que para ser livre é preciso realizar o que é necessário, efetivando o verdadeiro propósito da natureza humana, estaria presente na obra de Rousseau, Kant, Hegel, Marx e outros autores que partiam da crença de que existe um valor supremo para o qual todos os outros valores humanos deveriam convergir e um fim último para o qual todos os membros da sociedade deveriam se dirigir.

Ao diferenciar desse modo a liberdade negativa da liberdade positiva, Berlin faz uma distinção tanto analítica quanto histórica. Ele chega a dizer que a liberdade positiva é um ideal do passado, das sociedades fechadas do mundo antigo, enquanto a liberdade negativa é um ideal moderno, um valor nascido da Renascença e da Reforma Protestante. Ora, o eco da distinção entre a liberdade dos antigos e a dos modernos aparece com mais evidência na afirmação de que Constant foi quem melhor percebeu o conflito entre essas duas formas de liberdade.

Em sua conferência "De la liberté des anciens comparée à celle des modernes" (1819), Benjamin Constant distingue duas espécies de liberdade: aquela cujo exercício era tão caro aos antigos e aquela cujo gozo era tão apreciado pelos modernos. Ele sustenta que a liberdade para os antigos consistia na participação coletiva e direta dos cidadãos no exercício do poder político, traduzida no igual direito de discutir e deliberar publicamente sobre todos os assuntos de interesse comum, mesmo que isso implicasse na completa submissão à autoridade do corpo social, que regulava praticamente todos os aspectos da vida privada dos cidadãos. Já a liberdade para os modernos consistia na fruição pacífica de direitos considerados fundamentais para a existência e o desenvolvimento do ser humano – direito de ir e vir com segurança, de reunir-se com outros indivíduos para professar seu culto ou discutir sobre seus interesses, de proferir sua opinião sem constrangimento, dispor de sua propriedade etc., direitos aos quais eles não estavam mais dispostos a renunciar para ter uma participação direta no governo.

Na origem das duas formas de liberdade, Constant aponta algumas diferenças fundamentais na organização social e política das duas épocas. A primeira seria o tamanho das comunidades: enquanto as repúblicas antigas eram fechadas em limites estreitos, com pequena extensão e diminuta população, o que permitia uma maior influência dos cidadãos nas decisões de governo, os Estados modernos dispunham de territórios extensos e grande população, o que dificultava a participação direta dos cidadãos e tornava o indivíduo um elemento praticamente imperceptível da produção na vontade social. A segunda diferença seria a escravidão: enquanto o trabalho escravo liberava os antigos para a participação ativa na vida política de suas cidades, a extinção da escravidão obrigava os modernos a exercer todo tipo de atividade produtiva, privando-se do tempo livre necessário para poder participar da vida política. A terceira seria o fato de o espírito dos antigos ser belicoso, voltado constantemente para a guerra: os contínuos conflitos entre as cidades os incitava à participação política. Já a atividade principal dos modernos era o comércio, que não deixava intervalos de ociosidade, exigindo dos indivíduos todo tempo e preocupação com seus empreendimentos, e criava laços sociais baseados nos interesses privados, distintos daqueles necessários para a atividade pública.

Em razão dessas diferenças, os modernos não podiam mais desfrutar daquela liberdade dos antigos, como tanto desejavam os revolucionários franceses, inspirados pelas ideias de filósofos, como Mably e

Rousseau, que haviam transportado para a modernidade modelos de participação política do passado. A liberdade dos antigos não podia ser imitada, em razão das diferenças na organização social, nem mesmo podia servir de inspiração para os modernos, visto que entre os antigos encontrava-se uma servidão cruel, uma religião civil e uma educação uniforme que impediam o desenvolvimento das faculdades individuais. Por ser a independência individual a primeira das necessidades modernas, não era mais possível pedir o seu sacrifício em nome da participação política, como faziam os antigos, que encontravam plena satisfação no exercício dos direitos políticos e estavam dispostos a se submeter ao controle social.

Constant lembra que a liberdade dos modernos necessitou de outra forma de organização política; por isso foi criado o sistema representativo, por meio do qual os indivíduos podiam atribuir aos seus representantes o encargo de defender seus interesses na arena pública. Por meio do sistema representativo, de que os antigos não podiam sentir a necessidade nem apreciar as vantagens, os modernos puderam ter seus direitos individuais defendidos e um tempo maior para cuidar de seus negócios. Ele era assim o corolário indispensável da liberdade moderna: para ser livre, o indivíduo moderno precisava ser representado.

Mas Constant adverte para os limites do sistema representativo, quando os indivíduos descuidam demais da vida pública para se preocupar somente com suas atividades privadas. Na sua avaliação, se os indivíduos deixam de exercer uma vigilância ativa e constante sobre seus representantes, abandonando o direito de revogar a representação daqueles que abusarem de sua confiança ou de afastá-los quando não cumprirem seu dever, correm o risco de perder a sua própria liberdade. Desse modo, era preciso combinar as duas formas de liberdade.

A distinção estabelecida por Constant estava claramente sustentada numa narrativa histórica que opunha uma concepção pré-moderna, que enaltecia a participação política dos cidadãos, a uma concepção moderna, que prezava as atividades particulares em detrimento da vida pública. Numa clara visão progressista da história, na qual a organização social moderna era considerada mais avançada e, portanto, melhor do que a antiga, ele enaltecia a liberdade dos modernos, desfrutada no âmbito privado, em relação à liberdade dos antigos, vivenciada no âmbito público.

Ao atualizar a oposição de Constant, embora sem o mesmo propósito e com diferentes sentidos, Berlin parece sugerir que há apenas duas maneiras de compreender a liberdade: ou ela consiste na ausência de obstáculos à escolha e à ação dos indivíduos; ou ela envolve a presença e o exercício de meios que possibilitem a autodeterminação, individual ou coletiva, por meio da submissão aos ditames da razão. Trata-se, então, de optar por um dos sentidos, escolher e dar preferência àquele mais adequado à contemporaneidade.

Na sua avaliação, a liberdade no sentido negativo deve ser almejada, porque se limita a lutar contra interferências abusivas e permite aos indivíduos escolher seus próprios fins. Já a liberdade no sentido positivo deve ser evitada, porque sujeita a independência individual aos destinos da coletividade e não leva em consideração as diferentes visões do mundo. A sua principal crítica à liberdade positiva é que ela pressupõe a crença na existência de um único fim, a convicção de que todos os valores humanos podem ser compatíveis e até mesmo relacionados uns aos outros. Associada à realização de um ideal comum, ela é vista como fomentadora de regimes tirânicos e totalitários, ao impor um único bem e uma única finalidade para todos os membros da sociedade, obrigando-os a perseguir o mesmo objetivo. Contra o monismo metafísico e ontológico sobre o qual ela se sustenta, Berlin alega que as finalidades humanas são múltiplas e que nem todas são comensuráveis ou compatíveis entre si. Daí o inevitável conflito entre perspectivas igualmente defensáveis e entre finalidades igualmente válidas, o que exige a tolerância e o respeito à diversidade. Assim, a escolha lhe parece evidente: seria preciso abandonar o sentido positivo, que traz prejuízos à independência individual, sacrificando-a ao destino do corpo social, e ficar com o sentido negativo, que seria o único adequado a uma sociedade plural e democrática.

A distinção estabelecida por Berlin não era nada original. Em *Storia del liberalismo europeo* (1925),

Guido de Ruggiero já diferencia duas concepções de liberdade na história ocidental: a liberdade negativa do liberalismo clássico do século XVIII, caracterizada pela recusa de obstáculos que impedem a livre expressão da vontade individual; e a liberdade positiva presente no pensamento político inglês do século XIX, caracterizada pela autodeterminação dos indivíduos e a emancipação das comunidades políticas. Se a primeira tinha sua origem na luta pelas liberdades individuais contra as indevidas interferências do Estado, a segunda era proveniente da necessidade de promover os meios para o autogoverno dos indivíduos e das comunidades políticas. Ruggiero considera a primeira forma de liberdade relevante, porém limitada, pois é uma condição necessária, mas ainda não suficiente, para a autêntica liberdade, que estaria na conquista da autonomia individual e coletiva.

Antes de Ruggiero, filósofos idealistas britânicos do final do século XIX, como Bernard Bosanquet e Thomas Hill Green, também já diferenciavam dois sentidos de liberdade, ambos relacionados com a ação voluntária do indivíduo e, consequentemente, com a compreensão do que vem a ser o seu bem: o primeiro é o poder de escolher e de agir de acordo com a própria preferência, sem sofrer constrangimentos internos ou externos, na busca da autossatisfação; o segundo é a realização do autêntico bem pessoal, identificado pela razão, que está intrinsecamente vinculado ao bem comum. De acordo com os idealistas britânicos, diferentemente dos animais que agem somente pelos impulsos e apetites, os seres humanos dispõem da capacidade de avaliar seus desejos, estabelecendo uma hierarquia entre eles, e de julgar quais são os mais relevantes para alcançar sua finalidade. Enquanto o primeiro sentido está relacionado com as ações ordinárias, praticadas na vida social, o segundo está vinculado com as ações morais na busca da realização de um ideal de si mesmo, no sentido de fazer de sua existência o melhor possível para si e para os outros. Este segundo sentido é denominado por eles liberdade positiva, a verdadeira liberdade em sua dimensão social, pois envolve o exercício da autodeterminação na esfera pessoal, que contribui, por sua vez, para o aperfeiçoamento da sociedade.

Em "The Idea of Freedom", escrito entre 1950 e 1952, Berlin já distingue também o sentido negativo de liberdade, o desejo de não sofrer interferências de outras pessoas nas ações que podem ser realizadas, do sentido de liberdade como autorrealização, individual ou coletiva, cuja efetivação depende da compreensão e da submissão ao propósito ditado pela razão. De acordo com este segundo sentido, cuja origem remonta à antiguidade e teria sua maior expressão moderna na filosofia de Rousseau, o ser humano é um ser racional capaz de reconhecer seu propósito e realizá-lo. Quando o realiza, é livre, pois efetiva seu verdadeiro e autêntico ser.

No mesmo período, ele escreveu "Two Concepts of

Freedom: Romantic and Liberal", no qual diferencia dois conceitos de liberdade. O primeiro, de caráter negativo, presente na tradição liberal, designa a ausência de restrição ou de coerção por parte de outros agentes na esfera de ação dos indivíduos. A luta pela liberdade, nesse sentido, não visa realizar um fim determinado, mas assegurar as condições para que os fins escolhidos por cada um possam ser alcançados. O segundo conceito, denominado positivo, teria sua raiz no pensamento estoico e se manifestado na modernidade de maneira plena em Rousseau e no romantismo alemão pelo ideal de autorrealização. Nesse sentido, o indivíduo é livre quando segue as próprias leis internas de seu ser e realiza os propósitos construídos e impostos por ele mesmo de acordo com a sua natureza racional. Quando o indivíduo é concebido como uma parte e um fragmento de um todo maior – Estado, Igreja, raça etc. –, que seria a única unidade verdadeiramente racional, então a liberdade consistiria na atividade do todo, que poderia impor aos indivíduos as diretrizes necessárias para alcançar o mesmo fim.

Se a distinção feita por Berlin não era então inovadora, o seu ensaio "Two concepts of liberty" popularizou a oposição entre liberdade negativa e liberdade positiva. Mas, desde sua publicação, ele foi alvo de diversas críticas: por apresentar uma visão muito estreita de liberdade negativa, ao identificá-la apenas com a noção de direitos individuais, e ao desvinculá-la totalmente do autogoverno, o que não estaria totalmente de acordo com o liberalismo clássico; por restringir a noção de constrangimento aos obstáculos externos colocados intencionalmente por outros agentes, sem considerar obstáculos não intencionais e outras formas de constrangimentos que também impedem os indivíduos de realizar escolhas e de efetivá-las; entre outras.

A crítica mais contundente foi a de que não seria possível falar de dois conceitos de liberdade, mas apenas de duas concepções de um mesmo conceito. Observou-se que, se as duas concepções eram divergentes no que se refere ao seu campo de referência – a liberdade negativa denotava uma qualificação da ação, ou seja, determinava a esfera de ação do indivíduo; a liberdade positiva denotava uma qualificação da vontade, ou seja, determinava o autodomínio e a autodeterminação –, elas não eram necessariamente incompatíveis ou excludentes. Não se implicavam, é verdade, mas também não se excluíam: ser senhor de si mesmo não suprimia a possibilidade de desfrutar de um espaço sem interferências. A distinção entre a característica negativa e positiva da liberdade também não separava efetivamente as duas concepções; pois, ao se encontrar livre de interferência ou de constrangimento, o indivíduo estava livre para agir de acordo com sua vontade e se autodeterminar.

Berlin respondeu aos seus críticos na introdução da segunda edição de seu ensaio em 1969. Ele ressalta mais uma vez que não seria possível identificar liberdade, que é tão somente a oportunidade para agir, com a própria atividade e o ato em si. Outra importante distinção mantida por ele opõe liberdade e as condições de seu exercício. Se a liberdade pode ter condições materiais necessárias para se efetivar, não são essas condições que a definem. Berlin admite que não há grande distância lógica entre liberdade positiva e liberdade negativa tal como as define, mas elas tomaram direções distintas com a distorção da concepção positiva de seu sentido original de controle de si mesmo para o controle do grupo sobre o indivíduo. As suas finalidades tornaram-se, então, diferentes e muitas vezes opostas em razão da irreconciliável perspectiva entre o monismo metafísico e moral da liberdade positiva e o pluralismo tolerante da liberdade negativa. Por isso, a distinção entre os dois sentidos do mesmo conceito era tão necessária. Mas, além de diferenciá-los, o seu ensaio também difundiu o vínculo do sentido negativo com a tradição liberal e do sentido positivo com as várias formas de socialismo.

CAPÍTULO 2

Liberdade negativa e liberalismo

A fim de corroborar a afirmação de que filósofos liberais ingleses haviam adotado a concepção negativa de liberdade, Berlin cita numa nota de rodapé que ela teria sua origem na definição hobbesiana de homem livre, reproduzida posteriormente por Jeremy Bentham. De fato, a origem da concepção de liberdade como ausência de obstáculos externos, como já foi demonstrado por Quentin Skinner em *Hobbes and Republican Liberty* (2008), pode ser claramente observada nos três escritos políticos de Thomas Hobbes: *The Elements of Law Natural and Politic* (1640), *De cive* (1642) e *Leviathan* (1651).

Hobbes e a origem da liberdade negativa

Logo no início do capítulo XXI de *Leviathan*, dedicado à liberdade dos súditos, a liberdade é definida como ausência de oposição, entendendo-se por oposição os impedimentos externos ao movimento de um corpo. Com base nos postulados mecanicistas vigentes em sua época, Hobbes explica os fenômenos naturais como relações entre corpos em movimento. Os corpos são entendidos como a matéria sobre a qual o movimento ocorre e o movimento como a única causa de tudo que ocorre nos corpos. Rejeitando a concepção aristotélica de que o movimento é teleológico, ele considera que o movimento de um corpo é apenas uma mudança de lugar, provocada pelo contato com outro corpo, e que esse movimento iniciado não tem fim, a não ser que exista um obstáculo físico. A liberdade é assim uma simples questão de movimento e está reduzida ao deslocamento dos corpos que interagem no espaço. Neste sentido, a sua definição pode ser aplicada tanto às criaturas racionais quanto irracionais ou inanimadas. O exemplo dado é o da água, cuja liberdade é restringida por diques ou canais, que a impedem de se espalhar. A área delimitada por barreiras físicas, que restringem o movimento de um corpo, determina o seu campo de expansão, consequentemente, a sua liberdade.

Hobbes adverte, então, que livre e liberdade são termos que só podem ser aplicados às coisas dotadas de corpo, caso não se queira cometer um abuso de linguagem, pois o que não se encontra sujeito ao movimento, não se encontra sujeito a impedimentos e, consequentemente, não se pode falar a seu respeito da presença ou falta de liberdade. Ele também ressalta que, se aquilo que impede o movimento faz parte da constituição do próprio ser, não é possível afirmar que ele não tenha liberdade, mas é preciso admitir que lhe falta o poder ou a habilidade de se mover. O exemplo do homem que se encontra preso ao leito por uma determinada doença é bastante esclarecedor. É a falta de poder que lhe impede de caminhar e não um obstáculo externo. O seu movimento não está impedido por cadeias ou correntes que o prendem ao leito, mas por uma incapacidade inerente ao seu ser.

Com base nesse significado amplo de liberdade, o homem livre é definido como "aquele que, naquelas coisas que graças à sua força e engenho é capaz de fazer, não é impedido de fazer o que tem vontade de fazer" (*Leviathan*, L. II, cap. XXI, p. 262). A vontade é introduzida como um elemento que diferencia a liberdade humana da liberdade de outros seres naturais. Mas ela não é entendida no sentido tradicional de uma faculdade da alma, que possibilita ao homem querer livremente e, portanto, agir livremente. Ela é definida como simplesmente o ato de querer: o último apetite ou aversão, imediatamente anterior à ação, ou seja, o ponto final da deliberação, quando uma decisão é tomada.

Na sua longa polêmica com o bispo anglicano John Bramhall sobre a relação entre liberdade e necessidade, Hobbes deixa claro que concebe a liberdade como a ausência de impedimentos que não estão contidos na natureza nem na qualidade intrínseca do agente; e que considera todos os atos voluntários como livres e, consequentemente, todos os atos livres como voluntários. Confrontado com a indignação de Bramhall de que isso seria confundir a faculdade da vontade com o ato volitivo e não reconhecer que toda volição tem origem no poder da vontade que está na alma humana, ele responde simplesmente que ele não confundia, porque para ele não havia algo como uma faculdade da vontade, mas apenas o próprio ato volitivo. Desse modo, dizer que alguém agiu de acordo com sua vontade significa simplesmente dizer que ele foi movido a agir pelas suas afeições e deliberações.

O caso do homem que atira seus bens ao mar com medo de que o barco afunde é apresentado como exemplo de um ato voluntário e, portanto, livre. A sua ação é realizada por sua própria decisão, já que ele poderia recusar-se a fazê-lo, se assim o desejasse. No processo de deliberação, seu último apetite, que determinou sua vontade, foi atirar os bens ao mar, a fim de assegurar a própria existência. Ao agir voluntariamente, mesmo que coagido pelo medo de perder a vida, ele agiu livremente.

A coerção exercida no processo de deliberação, provocada pelo medo, que leva alguém a agir de uma determinada maneira, não poderia ser equiparada à coação física, que impede o movimento, em razão de obstáculos externos. Para Hobbes, a primeira forma de constrangimento permite a escolha entre as alternativas possíveis – o medo é uma das paixões que se sucedem na deliberação – e, assim, agir voluntariamente, portanto livremente. Apenas o constrangimento físico limita, de fato, a liberdade, ao impor obstáculos externos que impedem alguém de fazer o que tem vontade e capacidade para fazer.

A mesma definição de liberdade como ausência de impedimento ao movimento pode ser encontrada em *De cive*. Mas Hobbes distingue nesta obra anterior duas formas de impedimento. A primeira é denominada externa ou absoluta, quando o obstáculo ao movimento é exterior, comum a todos os seres naturais. A segunda forma é denominada arbitrária, quando o próprio agente decide impedir seu movimento, própria apenas aos seres humanos. O impedimento arbitrário se diferencia do absoluto, porque supõe a vontade do agente em restringir o próprio movimento. O medo é apresentado como um paradigma de impedimento arbitrário, já que não representa um obstáculo externo ao movimento, mas interno do próprio agente. O exemplo dado é a obediência às leis divinas, motivada pelo medo que os homens sentem do poder de Deus, e às leis civis, fundamentada na obrigação política em relação ao soberano.

Em *The Elements of Law Natural and Politic*, Hobbes admite que a liberdade natural pode ser suprimida em dois casos: quando os indivíduos perdem a capacidade de exercê-la; ou quando eles abandonam o direito de exercê-la. O primeiro caso é caraterístico da escravidão, quando os indivíduos se encontram presos por cadeias ou correntes, que os impedem de fazer uso de seus poderes naturais. O segundo caso, mais próximo da noção de impedimento arbitrário, é característico da condição civil, ocorre quando os indivíduos abdicam do direito de exercer a liberdade natural, para poder viver em paz e segurança. A intenção ao diferenciar os dois casos parece ser a de ressaltar que há diferentes graus de comprometimento da liberdade natural. O escravo a perde completamente, ao ter seu movimento obstruído pelos grilhões que o prendem fisicamente, impedindo-o de fazer uso de seus poderes naturais. Já o súdito perde apenas a parte da liberdade natural que, se fosse retida, prejudicaria sua autopreservação. Ele fica preso pela promessa, assumida no pacto de instituição da sociedade política, de se sujeitar à vontade do soberano em todas as coisas necessárias para a manutenção da paz. Mas ainda pode desfrutar daquela parte da liberdade natural que não compromete a paz como, por exemplo, buscar as coisas que possam lhe proporcionar uma existência mais confortável.

Mas a noção de impedimento arbitrário desaparece em *Leviathan*. Os únicos obstáculos à liberdade são os empecilhos externos que têm o efeito de restringir o movimento. Com isso, fica mais evidenciada a diferença entre possuir liberdade para agir e possuir poder para realizar a ação. Os impedimentos intrínsecos interferem no poder de realizar a ação e não na liberdade para agir: se a realização da ação é impedida intrinsecamente, seja qual for o motivo do impedimento, não há falta de liberdade, mas de poder, porque o agente é incapaz de agir; já se a realização da ação, que estiver de acordo com sua vontade e poder, é impedida por um obstáculo externo, o agente tem sua liberdade restringida.

Segundo a descrição feita em *Leviathan*, no pacto de instituição da sociedade política, mesmo que os indivíduos tenham sido movidos pelo medo recíproco daquela condição de guerra de todos contra todos, eles aceitam voluntariamente que suas ações sejam guiadas pelo soberano. Ao se comprometer diante dos demais, assumem a obrigação de obedecer às determinações daquele que representa a pessoa fictícia criada pelo pacto nas coisas necessárias à paz. Eles permitem, assim, a criação de cadeias artificiais, as leis civis, que expressam a vontade do soberano.

Toda lei, para Hobbes, é uma ordem dada por quem se dirige a alguém já anteriormente obrigado a obedecer-lhe. Desse modo, seguir o que é prescrito pela lei constitui um dever para quem está sujeito a ela. A obediência não reside no conteúdo da lei, mas no fato de ela ser expressão da vontade de quem pode estabelecê-la. Como a lei é associada à obrigação, pois constrange aqueles que estão a ela submetidos, onde há lei, não há liberdade. No caso das leis civis, elas pressupõem a obrigação prévia dos súditos de obedecer àquele que recebeu autorização para enunciá-las tendo em vista a paz e a segurança de todos, ou seja, ao soberano. Ao estabelecer o que é permitido e proibido fazer na sociedade política, as leis civis limitam as ações dos súditos ao âmbito permitido pelo soberano.

De acordo com Hobbes, como nenhum soberano é capaz de legislar sobre todos os aspectos da existência humana, o campo de liberdade dos súditos depende inicialmente do silêncio das leis civis. Em todos os casos em que o soberano não estabeleceu regras, os súditos dispõem da liberdade de agir conforme sua discrição. Os exemplos citados referem-se quase todos às ações na esfera da vida privada: comprar e vender, realizar contratos mútuos, escolher a residência, a alimentação, a profissão e coisas semelhantes. A liberdade dos súditos reside ainda em todas as coisas que eles podem, sem injustiça, se recusar a fazer, apesar de serem ordenadas pelo soberano. Para exemplificá-las, Hobbes considera que é necessário examinar quais são os direitos que podem ou não ser transferidos no momento da criação da sociedade política. Por exemplo, como não é possível abandonar o direito de se defender, o súdito permanece com a liberdade de desobedecer ao soberano que ordene a ele que se mate, se fira, se mutile, se abstenha de qualquer coisa sem a qual não poderá viver, ou que não resista a quem atentar contra sua vida. Não se trata de uma limitação jurídica da obediência política, mas de um limite sustentado no direito inalienável de autopreservação.

A liberdade negativa e o pensamento político liberal clássico

Se Hobbes definiu a liberdade de maneira negativa no sentido de ausência de impedimentos externos ao movimento, não parece ser possível vinculá-lo diretamente à tradição liberal. Os seus escritos não só antecederam a formação do liberalismo político como propagaram ideias, tais como a necessidade de um poder soberano indivisível, ilimitado e absoluto, a submissão incondicional às determinações do soberano, a negação do direito de resistência por parte dos súditos, a onipresença do soberano em todas as atividades sociais, entre outras ideias, completamente distintas dos princípios liberais.

Já Jeremy Bentham, citado por Berlin na mesma nota de rodapé, apesar de adotar postulados do liberalismo econômico na defesa do livre mercado, estava muito mais preocupado em desenvolver um programa de reformas legais e políticas com base em seu princípio moral da utilidade, segundo o qual as ações devem ser avaliadas de acordo com as consequências delas decorrentes para a promoção do bem-estar material, intelectual e moral da sociedade. Entendida como ausência de coerção legal, a liberdade é justificada segundo os critérios do utilitarismo, ou seja, pelo seu benefício para a maximização do somatório de felicidade geral.

No caso de John Locke, outro autor citado no ensaio de Berlin e tido por muitos historiadores como o mais importante percursor do liberalismo político, a liberdade não foi propriamente definida como ausência de interferência de obstáculos exteriores. Na descrição da suposta condição pré-política, em *Two Treatises of Government* (1689), a liberdade natural, caracterizada pela independência do indivíduo em relação aos seus semelhantes (no sentido de poder regular suas ações e dispor de tudo o que lhe pertence conforme julgar mais adequado, sem depender da vontade de outrem), é regulada pela lei natural, que estipula os deveres e os direitos naturais dos indivíduos. A lei natural é definida como uma norma moral clara e inteligível, imposta por Deus, para o bem dos indivíduos. O seu principal preceito é que não se deve prejudicar a si mesmo nem ao outro no que se refere aos seus direitos naturais: vida, liberdade e propriedade. Desse modo, a liberdade é definida em função do exercício desses direitos. Só pode ser considerada uma restrição à liberdade, a interferência indevida em um direito previamente estabelecido. Por exemplo, impedir um indivíduo de roubar não é uma restrição de sua liberdade, porque ele não tinha naturalmente o direito de roubar; do mesmo modo, como um indivíduo não tem o direito natural de invadir a propriedade de outro, a sua liberdade não é diminuída pela imposição da proteção à propriedade. A liberdade natural é, assim, assegurada pelo respeito à lei natural.

Mas os indivíduos nem sempre obedecem à lei natural, segundo Locke, apesar dela ser evidente e inteligível. Ao desrespeitá-la, os seus transgressores cometem uma injúria não apenas contra seus semelhantes, como também contra toda a humanidade, pois ameaçam a preservação da vida, liberdade e propriedade de todos. Por isso, eles podem ser punidos por qualquer indivíduo, sem que a própria lei natural seja violada, uma vez que tal punição visa preservar a humanidade. Na condição natural de igualdade, marcada pela jurisdição recíproca, todos são juízes e executores da lei natural, com o direito de punir os seus transgressores em grau suficiente para impedir novas violações.

A inevitável parcialidade nos julgamentos e o possível exagero nas punições, fruto do descontrole das paixões humanas, desencadeiam na avaliação de Locke um estado de guerra que coloca em risco os diretos naturais de todos. A saída apontada pela razão para a preservação dos direitos naturais é que os indivíduos concordem reciprocamente em formar uma comunidade, renunciando ao poder natural de julgar e executar a lei natural em favor da comunidade, para que ela se torne árbitra das possíveis controvérsias. Quando isto acontece, os indivíduos formam um povo e constituem uma sociedade civil. Na descrição feita por Locke, o primeiro ato do povo, que decide e age por consentimento majoritário, é a instituição do governo, a quem é concedido em confiança o poder de estabelecer as leis civis e assegurar a justiça por meio de juízes autorizados.

A liberdade civil, conquistada pela instauração da sociedade civil e do governo, é então definida pela ausência de sujeição à vontade de outro agente que não seja o poder legislativo, constituído mediante consentimento dos indivíduos, e pela consequente ausência de submissão a qualquer norma que não seja a lei civil, promulgada pelo poder legislativo de acordo com a confiança nele depositada. A liberdade civil reside na segurança de viver segundo leis consentidas, estáveis e comuns a todos, que garantem a fruição de direitos estabelecidos pelas leis e a ausência de sujeição a um poder discricionário. Por isso Locke afirma que onde não há lei, não há liberdade, visto que a lei estabelece e protege a liberdade, pois define o âmbito no qual o indivíduo pode agir sem sofrer ingerências. O objetivo da lei civil não é restringir, mas conservar a liberdade, ao assegurar o campo de ação individual contra as ameaças e intervenções arbitrárias. Portanto, diferentemente de Hobbes, a liberdade civil não se realiza no silêncio das leis, mas mediante as leis.

Já John Stuart Mill, também citado por Berlin como um autor liberal que adotou a concepção de liberdade negativa, parece enfatizar mais a necessidade de uma sociedade aberta e plural, na qual diversas opiniões concorram entre si e em que diferentes perspectivas se confrontem, para que os indivíduos possam desenvolver suas faculdades naturais, do que um campo de ação livre de obstáculos externos. No espírito do utilitarismo, a liberdade é ainda justificada pela sua contribuição para a maximização da felicidade: quanto mais os indivíduos efetivam suas potencialidades, sem sofrer interferências por parte de outros indivíduos e do poder público, mais a sociedade se beneficia com o desenvolvimento de suas qualidades e maior será a felicidade geral.

Em *On Liberty* (1859), Mill destaca o princípio segundo o qual só se pode interferir no campo de ação de um indivíduo para prevenir danos a terceiros. Fora isso, ninguém pode obrigar um indivíduo a fazer ou deixar de fazer o que seria melhor para ele ou o que o levaria a ser mais feliz, mesmo com a alegação de que é para seu próprio bem, físico ou moral. Nenhum indivíduo pode ser condenado pelo mal que faz a si mesmo, somente pelo mal que faz aos outros. O princípio do dano institui assim um critério de legitimidade para a intervenção, em particular do governo: só se deve restringir as ações dos indivíduos que possam prejudicar os demais.

O pressuposto geral é de que seria preciso proteger os indivíduos de interferências desnecessárias dos outros e da autoridade social, para que eles possam se desenvolver e, consequentemente, melhorar a sociedade. No âmbito da consciência, deveria ser garantida a liberdade absoluta de opinião sobre todos os assuntos, práticos ou especulativos, científicos ou teológicos, assim como a liberdade de elaborar o próprio projeto de vida de acordo com seus propósitos. No campo social, deveria ser assegurada a liberdade de expressão e de associação para qualquer fim, entre outras liberdades fundamentais que possam contribuir para o desenvolvimento da sociedade. O livre exercício da individualidade é fundamental para o desenvolvimento do ser humano e, consequentemente, da sociedade.

Mas em livros posteriores, como *Subjection of Women* (1869), a liberdade é principalmente associada à autodeterminação por meio de leis e restrições autorizadas pelos próprios indivíduos. Ela envolve mais a capacidade de moldar, dominar e aprimorar o próprio ser do que a ausência de interferência de outros agentes. A presença da liberdade é principalmente caracterizada pela ausência de submissão arbitrária, pois a sujeição a uma vontade arbitrária retira do indivíduo um componente essencial para sua liberdade, que é a autonomia. O indivíduo é livre quando não é impedido de agir de acordo com sua vontade, desde que não prejudique os demais, ou quando não é obrigado a agir contra sua vontade. Enfim, ele é livre quando escolhe os meios que deseja empregar e os fins que almeja alcançar, definindo e trilhando o próprio caminho, sem ser coagido pelos outros e pelo poder público.

O mesmo pode ser dito em relação aos demais autores liberais citados por Berlin. Se eles descreveram muitas vezes a liberdade em termos negativos, não parece ter sido no sentido proposto por Hobbes de ausência de impedimentos externos ao movimento.

Liberdade negativa e o liberalismo contemporâneo

Assim como o liberalismo clássico, o liberalismo contemporâneo não pode ser tomado em bloco, como se fosse uma doutrina homogênea, constituída por um conjunto de princípios uniformes. Ele apresenta uma diversidade de perspectivas que se opõem muitas vezes e geram controvérsias em torno de conceitos, mesmo fundamentais, como o de liberdade. A definição de liberdade negativa proposta por Berlin, por exemplo, não é completamente partilhada por autores de correntes importantes do liberalismo contemporâneo.

Em *The Constitution of Liberty* (1960), Friedrich Hayek afirma manter uma definição negativa de liberdade conforme a tradição liberal da qual faz parte. Em sua avaliação, a liberdade negativa se distingue da liberdade política dos antigos, experimentada como liberdade coletiva, pois não demanda a participação política dos cidadãos como condição de ser livre ou ter um acréscimo na liberdade individual. Ela também se diferencia da liberdade subjetiva dos filósofos, denominada comumente de livre-arbítrio, já que não se refere à possibilidade de agir conforme a própria razão sem sofrer interferência de emoções ou paixões. Finalmente, ela se distingue da liberdade enquanto poder, dos socialistas, pois não enfatiza a capacidade de agir coletivamente para realizar um determinado fim. A liberdade negativa é um valor não específico, na medida em que não estabelece o bem que nos trará ou o objetivo ao qual nos servirá.

Hayek argumenta que, por ser definida de maneira negativa como ausência de coerção, a compreensão do que vem a ser o contrário da liberdade – a coerção – talvez possa esclarecer melhor o seu sentido. A coerção é então definida como o ato de impedir alguém de agir de acordo com seus propósitos e de o obrigar a agir segundo os fins de quem controla o meio e as circunstâncias da ação. Ela não se caracteriza tanto pela ameaça da força física ou pela impossibilidade de escolha quanto pela imposição de uma vontade arbitrária. Assim, definir a liberdade como ausência de coerção é defini-la como ausência de interferência de uma vontade arbitrária.

O principal argumento de Hayek contra toda forma de coerção desnecessária refere-se aos limites do conhecimento humano sobre os fenômenos sociais. Como eles resultam de uma miríade de ações individuais imprevisíveis e muitas vezes contraditórias, sem qualquer relação causal, não seria adequado coagir os indivíduos a agir de uma determinada maneira. Dada a natureza dos fatos sociais e a incapacidade do espírito humano de prevê-los, seria necessário restringir as prerrogativas daqueles que têm o poder de exercer algum tipo de coerção, de tal modo que eles não possam coibir os indivíduos de realizar os seus propósitos. A intrusão indevida nos planos dos indivíduos pode comprometer o sucesso de suas ações, visto que eles estão sempre em melhor posição para determinar e alcançar os seus próprios fins.

De acordo com Hayek, a sociedade dispõe de uma ordem, que não é nem natural nem artificial, mas espontânea, ou seja, proveniente da auto-organização dos elementos que a compõem. A linguagem, a moral, o direito e o mercado são exemplos dessa ordem autogeradora, que resulta do mútuo ajustamento por meio de regras que jamais foram deliberadamente escolhidas, mas assumidas com base na experiência. Desse modo, toda intervenção sob a forma de planejamento ou de controle sobre a ordem social deveria ser evitada, não apenas porque é ineficaz, mas principalmente porque atenta contra a liberdade individual.

Hayek reconhece a necessidade de conceder ao Estado um poder coercitivo voltado a impedir coerções individuais mais graves. Mas a coerção estatal só seria legítima se cumprisse duas condições: a primeira é não ser arbitrária e respeitar as regras gerais conhecidas de todos; a segunda é ser exercida de maneira circunstancial somente no exterior da esfera privada de ação dos indivíduos. Desse modo, ainda que não se possa eliminar da vida social a coerção por completo, seria necessário reduzi-la ao máximo e minimizar os seus efeitos nocivos. O neoliberalismo de Hayek consagra, assim, a ideia de que os indivíduos devem ter o mais amplo espaço possível para agir sem sofrer interferências de outros indivíduos e do Estado.

Já John Ralws se distancia de Berlin, desde o § 32 de *A Teory of Justice* (1971), e prefere uma descrição da liberdade com base na fórmula proposta por Gerald MacCallum. Em seu ensaio "Negative and Positive Freedom" (1967), a fim de criticar a oposição enunciada por Berlin, MacCallum sustenta que há um só conceito de liberdade, cuja definição é enunciada pela fórmula x está ou não livre de y para fazer ou não z, onde x especifica o agente, y explicita as restrições, constrangimentos ou interferências e z especifica a ação. Em sua perspectiva, qualquer afirmação sobre a liberdade, para ser significativa, deveria então se limitar a expressar a relação entre agentes, constrangimentos e ações, ou seja, quem está livre de qual obstáculo para fazer o quê. Como a presença da liberdade é marcada pela ausência de algum elemento de coação que inibe um agente de agir na busca daquilo que escolheu fazer, de perseguir diferentes opções ou de escolher entre diferentes alternativas, o debate sobre a liberdade consiste apenas em discutir se x é livre ou não de y para fazer ou não z. Rawls adota então esta fórmula, que representa um espécie de estrutura lógica, sem discutir propriamente o significado da liberdade, ao tratar do primeiro princípio de sua teoria da justiça: "cada pessoa deve ter um direito igual ao mais abrangente sistema de liberdades básicas iguais que seja compatível com um sistema semelhante de liberdades para as outras" (§ 11, p. 64).

Na lista das liberdades de base que devem ser iguais para todos, Rawls inclui tanto as liberdades civis (liberdade de expressão e de reunião, liberdade de consciência e de pensamento, liberdade contra a opressão e agressão física) quanto as liberdades políticas (direito de votar e ocupar um cargo público). Ele destaca o papel que podem desempenhar as liberdades políticas para dar um conteúdo, um valor real e equitativo, às liberdades civis, que são puramente formais. O primeiro princípio da justiça, escolhido na posição original (quando os membros de uma sociedade se encontram por detrás do hipotético véu de ignorância, ou seja, sem saber quais serão suas habilidades e limites naturais, sua classe social, sua situação econômica, enfim, sua futura posição na sociedade), unifica esses dois tipos de liberdade e os defende como um todo, demandando que uma igual liberdade de base seja garantida a cada pessoa.

A estratégia para justificar o status concedido às liberdades políticas é desenvolvido em *Political Liberalism* (1993), Lecture I § 5, com a introdução da concepção política da pessoa. De acordo com Rawls, não é suficiente afirmar de maneira abstrata a igualdade das liberdades de base, pois é preciso saber se as desigualdades econômicas e sociais, que marcam o contexto institucional, não impedem a sua fruição. Ele rejeita dessa maneira formas de liberalismo que são incapazes de pensar o social a não ser sobre a base de uma ontologia atomista, do tipo hobbesiano, e a concepção puramente negativa de liberdade dela decorrente. Mais próximo do liberalismo clássico, ele defende uma ontologia social relacional, fundada no princípio da reciprocidade e da publicidade, que supõe, por sua vez, uma perspectiva comunicacional e deliberativa da razão.

Sobre a tese de Berlin de que o pluralismo de valores impossibilitaria atribuir um conteúdo universal à realização do bem individual, sob pena de negar a própria liberdade, Rawls admite que, se os fins humanos são incomensuráveis, a liberdade individual de escolher a própria finalidade não pode estar sujeita à dominação de um bem único e superior. Mas, a fim de evitar tal domínio, ele alega que é preciso que a unidade da sociedade se constitua em torno de uma concepção pública do justo. Seria preciso então reconhecer, de um lado, a diferença entre um acordo sobre a concepção filosófica do bem e um acordo público sobre a justiça; do outro, a necessidade da prioridade do justo sobre o bem para assegurar a liberdade individual de escolha dos próprios valores.

Na avaliação de Rawls, o acordo público sobre

uma concepção de justiça não é redutor da diversidade de fins perseguidos pelos indivíduos, porque não exige um acordo sobre os valores. É uma obra comum, resultado de um procedimento público de avalição e de decisão dos indivíduos sobre questões fundamentais que dizem respeito aos seus direitos e deveres recíprocos. O estabelecimento de determinados princípios de justiça pressupõe então um espírito público, uma consciência social e um sentimento de reciprocidade, que permitem transformar preferências individuais em consenso estável e duradouro sobre o bem-estar de todos. Assim, o papel dos princípios de justiça estabelecidos é de permitir a coexistência de diferentes valores e formas de vida.

Se a liberdade ainda é definida pelo espaço onde o indivíduo pode agir sem obstáculos ou interferências de outros agentes, Rawls procura justificar a prioridade da justiça social, tendo em vista a autonomia da pessoa, conquistada pelas condições sociais, políticas e jurídicas que são asseguradas pelos princípios da justiça.

Em *Anarchy, State, and Utopia* (1974), ao criticar a teoria da justiça de Rawls e seu liberalismo igualitário, Robert Nozick apresenta argumentos radicais em favor da concepção negativa de liberdade como ausência de interferência nas ações dos indivíduos. A sua perspectiva libertária se opõe às práticas coercitivas de redistribuição, mesmo que elas visem atender aos mais desfavorecidos. Ele propõe uma ideia de justiça baseada na propriedade livremente adquirida, sem que outros princípios possam corrigir a distribuição original, mesmo que ela seja desigual. Em sua avalição, a única forma de estabelecer uma ordem justa é respeitar a situação inicial de distribuição da propriedade e a posterior livre troca entre os indivíduos.

O seu principal argumento é de que toda interferência é incompatível com o direito de propriedade e a liberdade individual. Ao intervir na redistribuição da propriedade original de cada indivíduo, o Estado age de maneira ilegítima, pois não trata os indivíduos como fins em si mesmos, mas como meramente meios e recursos para alcançar outros fins, como uma maior igualdade social, sem o seu consentimento. Nozick alega que a primeira propriedade do indivíduo é a de si mesmo; dessa posse de si mesmo decorre a titularidade do que é capaz de possuir com seus talentos, ou seja, o direito absoluto a tudo o que seus esforços e talentos possam produzir, desde que não prejudique a existência dos demais; e não há então injustiça no fato de que alguns indivíduos tenham ganhos mais elevados do que outros em função de seus esforços e talentos. A injustiça está em exigir de maneira coercitiva a redistribuição de seus ganhos para compensar as deficiências naturais ou sociais, já que uma distribuição justa é sempre aquela que resulta das livres transferências entre os indivíduos.

Nozick sustenta que os indivíduos são livres para usar seus poderes e seus recursos como desejarem.

Assim, se é preciso tratar os indivíduos como moralmente iguais, não se pode admitir a intervenção do Estado na redistribuição dos recursos produzidos por eles. Toda interferência externa às transações entre os indivíduos é arbitrária e ilegítima, porque é incompatível com o reconhecimento dos indivíduos como proprietários de si mesmos, de seus talentos e dos recursos produzidos por eles. O Estado não tem qualquer direito de intervir nas transações privadas de propriedade. Ao fazê-lo, não respeita a liberdade dos indivíduos.

A sua principal inspiração parece vir da ideia de autorregulação dos mercados, ilustrada pela metáfora da mão invisível de Adam Smith ou da ordem espontânea de Hayek. Nessa perspectiva, a total liberdade de troca seria suficiente para assegurar a justiça e toda intervenção estatal seria injusta porque limita a liberdade dos indivíduos. Além das alegações instrumentais a favor do livre mercado – é o melhor meio de promover a utilidade geral e a satisfação das preferências individuais; é capaz de minimizar o perigo de intervenções indevidas do governo; etc. –, Nozick destaca a sua contribuição na proteção dos direitos morais dos indivíduos, ao possibilitar que cada indivíduo decida livremente como dispor de seus recursos conforme considerar mais adequado, sem estar sujeito ao controle do Estado.

Assim, a defesa da liberdade negativa no sentido de ausência de interferência nas ações dos indivíduos repousa no libertarianismo de Nozick sobre três princípios: a justiça na aquisição inicial com base na posse de si mesmo; a livre transferência da propriedade em um livre mercado; e a limitação das funções do Estado à proteção da propriedade, do livre mercado, dos contratos e das trocas entre os indivíduos.

CAPÍTULO 3

Liberdade positiva e suas diversas expressões

Diferentemente da liberdade negativa, definida pela ausência de interferência e vinculada ao liberalismo, a liberdade positiva é caracterizada pela autonomia, autodomínio, autoperfeição, autorrealização, autodeterminação ou ainda autogoverno, seja do indivíduo, seja da sociedade, sendo associada a autores de diferentes tradições do pensamento político. Apesar de sugerir que ela é um ideal do passado, das sociedades fechadas do mundo antigo, Berlin se interessa pela sua manifestação principalmente a partir da modernidade. Como já foi ressaltado, Rousseau é apresentado como o seu principal precursor, um autor fundamental que teria influenciado tanto Kant, Fichte e outros filósofos do romantismo alemão quanto os autores socialistas do século XIX.

Rousseau e a liberdade do cidadão

Ao criticar seus antecessores, entre eles Hobbes, por não ter dado uma resposta satisfatória para a legitimidade da ordem política, Rousseau sustenta que há uma clara diferença entre independência, que reenvia a uma situação de fato, e liberdade, que se refere a uma situação de direito. Enquanto a pessoa independente vive somente sob a lei de sua própria natureza, um princípio causal que a faz agir em função de suas paixões, o cidadão livre segue as determinações da vontade geral, expressas na lei civil, obedecendo assim a si mesmo, pois efetiva a própria vontade nas coisas referentes ao interesse comum.

Em seu *Discours sur l'origine et les fondements de l'inégatié parmi des hommes* (1755), ele descreve a passagem da independência originária e natural do indivíduo para a interdependência social, recorrendo a uma história conjetural com base em um método hipotético-evolutivo. Por uma série de acontecimentos fortuitos, o indivíduo teria deixado sua existência totalmente independente, sem vínculos sociais permanentes e em plena harmonia com a natureza que lhe supria todas as suas necessidades, para viver em agrupamentos sociais. Isto teria acontecido no momento em que as suas forças deixaram de ser suficientes para assegurar a sua sobrevivência. Ele teve, então, de somar seus esforços com os de seus semelhantes para sua conservação.

O processo de associação teria tido seu momento crucial, na avalição de Rousseau, com a instituição da propriedade privada, que ocasionou a passagem de um estado pacífico para um estado de guerra, de uma condição de igualdade para uma situação de desigualdade, com a consequente separação entre ricos e pobres, poderosos e fracos, senhores e escravos. Em seguida, a fim de remediar a incerteza na posse de seus bens, os ricos e poderosos teriam persuadido os pobres da necessidade de uma ordem civil e de um governo para a segurança de todos. Mas o pacto realizado para estabelecer a sociedade civil apenas consagrou a desigualdade entre os homens, ao proteger o interesse dos ricos com a força dos pobres e ao distribuir de maneira parcial as vantagens. Desse modo, ele distorceu aquela que deveria ser a razão da instituição da sociedade civil, que é proteger e assegurar o interesse comum.

Se o retorno à condição natural não era possível, mesmo porque se trata de um estado hipotético, a solução proposta em *Du Contrat Social* (1762) é estabelecer uma forma de associação na qual cada um, unindo-se aos seus semelhantes, só obedeça a si mesmo, mantendo a sua liberdade original, que é a característica distintiva do ser humano. Rousseau enfatiza que a cláusula fundamental do contrato deve ser a alienação total, que consiste na manifestação consciente de cada associado de conceder todos os seus direitos à comunidade. Da reciprocidade de doação sem restrições, seria possível obter uma união tão perfeita que cada associado ganharia exatamente o que cedeu, permanecendo tão livre quanto era antes. Assim, a essência do contrato é o desaparecimento das vontades particulares numa unidade que as absorve, dando lugar a uma entidade coletiva que não é um simples agregado de forças individuais, mas um novo ser, artificial, composto por aqueles que participaram do pacto associativo, uma pessoa moral ontologicamente distinta daqueles que contribuíram para a sua formação. Com a alienação total, as vontades particulares podem convergir para aquilo que é comum e se integrar num conjunto que as absorve, de tal modo que o resultado será a vontade geral.

Se o contrato social dá vida ao corpo político, o seu movimento provém da vontade geral, definida por Rousseau como a vontade que manifesta o que há de comum entre todas as vontades particulares enquanto dirigidas ao interesse comum. Se as vontades particulares buscam a realização de interesses privados, que frequentemente se opõem, a vontade geral exprime o que é universal nas vontades particulares; e pode por isso dirigir as ações do corpo político de acordo com a finalidade de sua instituição, que é o interesse comum. Ao seguir as determinações da vontade geral, os cidadãos mantêm-se livres, pois obedecem somente a si mesmos e realizam a própria vontade no que se refere ao interesse comum.

Segundo Rousseau, a lei civil, quando provém da deliberação conjunta dos cidadãos sobre o que é equitativo e favorável ao interesse comum, exprime a vontade geral; e fornece um critério de legitimidade para as ações dos cidadãos, pois determina aquelas que são proibidas e permitidas para todos os cidadãos, independentemente dos interesses particulares. Em razão de sua imparcialidade e generalidade, ao não privilegiar o interesse de uns em detrimento de outros, ela instaura e assegura a verdadeira liberdade, pois elimina toda possibilidade de interferência arbitrária e impede que as condutas dos cidadãos estejam expostas a uma vontade arbitrária.

Na perspectiva de Rousseau, a liberdade não é a esfera de ação na qual cada um pode agir sem sofrer constrangimentos, mas é o efeito de uma ordem política legítima, graças à qual cada um tem assegurado o direito de fazer tudo o que a lei permite, porque sabe que os outros têm o dever de respeitá-la. Ela não é suprimida apenas pela restrição de movimento imposta por obstáculos exteriores, mas pelo fato desses obstáculos emanarem de uma vontade arbitrária. O cidadão que está sujeito ou é vulnerável a uma vontade arbitrária não pode agir segundo sua própria deliberação, sendo obrigado a moldar sua conduta de acordo com interesses particulares. Já o cidadão que obedece à lei civil não depende de outra vontade senão da vontade geral, que é a sua própria vontade quando dirigida para o interesse comum. Por isso, ao submeter-se à lei, ele pode ser considerado livre, pois desfruta da proteção e da segurança para praticar as ações autorizadas pela vontade geral.

A desigualdade social também é considerada por Rousseau um obstáculo à liberdade, porque constrange os cidadãos mais vulneráveis a situações de dependência e submissão à vontade arbitrária dos cidadãos mais privilegiados. Seria inútil, por exemplo, conferir direitos idênticos ao conjunto dos cidadãos, se alguns são tão pobres que são obrigados a viver na dependência de outros em troca de sua subsistência. Assim, é preciso garantir certa igualdade de condições entre os cidadãos, ao menos relativa, para que a liberdade possa ser plenamente desfrutada. A liberdade é tributária de uma ordem política justa e legítima, capaz de estabelecer deveres e direitos iguais para todos os cidadãos.

Socialistas e práxis revolucionária

Berlin também associa a liberdade positiva aos autores socialistas do século XIX, entre os quais destaca Karl Marx. Como os demais socialistas de sua época, Marx criticava o liberalismo por reduzir a liberdade à esfera jurídica das relações entre indivíduos que competiam dentro dos limites legais para a realização de seus interesses. Mas, ao restringi-la ao direito individual de fazer tudo aquilo que não prejudique os semelhantes, os liberais desprezavam o fato de que a liberdade variava em função da desigualdade social existente à margem da esfera jurídica. Ele também denunciava a ilusão liberal de que a ampliação da liberdade de escolha tornava o indivíduo mais livre. Mais uma vez os liberais ignoravam que as alternativas se apresentavam de tal maneira condicionadas pelas relações sociais que a escolha, quando era realizada, já se encontrava predeterminada pelas condições sociais.

Porém, diferentemente dos socialistas utópicos, como Saint-Simon, Jean Baptiste Fourier, Pierre-Joseph Proudhon ou Robert Owen, que imaginavam uma nova sociedade fundada no cooperativismo ou mutualismo, onde não haveria propriedade privada nem exploração do trabalho, e dos socialistas libertários e anarquistas, como Mikhail Bakunin, Joseph Déjacque ou Ema Goldman, que defendiam a formação de comunidades autogovernadas, sem hierarquia e sem nenhuma autoridade com poder de mando e direção, Marx propunha uma doutrina baseada na análise científica do funcionamento do capitalismo e de suas contradições, capaz de instituir um regime socialista como meio de alcançar pela ditadura do proletariado uma sociedade comunista, sem classes sociais, livre e igualitária.

Embora não se encontre uma clara definição de liberdade em sua obra, a interpretação de György Lukács, em *Para uma Ontologia do Ser Social* (1986), segundo a qual ela significaria a escolha concreta entre diversas possibilidades concretas parece explicitar o seu sentido. De fato, na perspectiva marxiana, a liberdade precisa ter condições objetivas para poder se efetivar no plano material, caso contrário não passa de uma ideia abstrata. O seu conteúdo assume necessariamente formas distintas conforme as alternativas disponíveis em cada sociedade historicamente determinada e de acordo com as situações concretas em que as escolhas são realizadas. Ela também só pode se efetivar em uma prática coletiva dentro de um determinado contexto social, sendo um atributo constitutivo do ser social e, como tal, inerente ao gênero humano, jamais uma condição individualmente definida de modo subjetivo. Desse modo, livre não é o indivíduo, mas a espécie humana, à medida que se emancipa em relação aos constrangimentos da natureza e a transforma a favor de suas necessidades. Portanto, o sujeito da liberdade é a humanidade, categoria que expressa a ideia de reconhecimento mútuo entre integrantes da mesma espécie, capazes de se associar de maneira solidária para produzir e reproduzir as condições materiais de sua existência.

Desde seus primeiros escritos, Marx se opõe à concepção hegeliana de que o Estado, ao possibilitar a superação das contradições de classe vigentes na sociedade civil e a autodeterminação do espírito humano, é o reino da autêntica liberdade, uma vez que constitui a manifestação histórica mais plena da razão. Em sua avaliação, por ser a institucionalização de relações sociais marcadas pela exploração e a expressão legal dos interesses da classe social economicamente dominante, o Estado é simplesmente um instrumento de dominação social.

Do mesmo modo, ao contrário do idealismo hegeliano, Marx considera que a nossa consciência é sempre social e histórica. Nossas ideias não representam a realidade tal como esta é em si mesma, mas surgem a partir de nossa experiência social concreta e refletem as condições materiais em que vivemos. O importante seria então considerar a base material que sustenta a sociedade, a sua infraestrutura econômica, sobre a qual vai se assentar todo edifício social, que é a superestrutura jurídica, política e ideológica. A História não seria assim um movimento da consciência e suas ideias, mas um processo de transformações sociais provocadas pelas contradições entre as forças produtivas – a combinação da força de trabalho com os meios de produção, isto é, os instrumentos e objetos de trabalho – e as relações de produção, ou seja, as relações de trabalho e distribuição no processo de produção e reprodução da vida material.

De acordo com Marx, a produção e a reprodução das condições materiais de existência se realizam por meio do trabalho, atividade específica da espécie humana na qual se enraíza a liberdade. O trabalho é a forma como o ser humano constrói sua identidade ao superar obstáculos da natureza, através de sua imaginação e capacidade de produção. A maneira como se distribui o trabalho na sociedade – a divisão social do trabalho – e o modo de apropriação da natureza – as diferentes formas de propriedade – permitem compreender o processo de transformações sociais e os diversos tipos de sociedades que se sucederam ao longo da história.

No caso do modo de produção capitalista, a sua principal característica, segundo Marx, é a radical separação entre os proprietários dos meios de produção e a força de trabalho: de um lado, os proprietários dos instrumentos e dos objetos de trabalho; do outro, os trabalhadores, inteiramente desprovidos dos meios de produção, possuindo apenas sua força de trabalho. No sistema capitalista, como toda a produção assume a forma de mercadoria, os trabalhadores são obrigados a vender sua força de trabalho, como uma mercadoria, aos proprietários dos meios de produção, em troca de um salário, capaz de garantir sua subsistência e a reprodução de sua força de trabalho. Mas o salário pago aos trabalhadores corresponde apenas a uma parte do tempo socialmente necessário para a produção das mercadorias, a outra parte permanece com o proprietário dos meios de produção, sendo esta 'mais-valia' que forma o lucro investido para aumentar o capital. Desse modo, o capital se acumula e se amplia com base na exploração social dos trabalhadores.

Marx denuncia o caráter contraditório do sistema capitalista, que amplia as possibilidades da emancipação humana, ao mesmo tempo em que impede sua plena realização, ao comprometer a liberdade com a separação entre o trabalho concreto, que se manifesta no 'valor de uso', e o trabalho abstrato, que se manifesta no 'valor de troca', e a consequente alienação do trabalhador. Entre as várias formas de alienação – a alienação religiosa que separa o ser humano do mundo real, a alienação política que o separa de seus próprios interesses –, a pior é aquela que ocorre no modo de produção capitalista. Inicialmente, o trabalhador se separa do produto de seu trabalho. Ele não se reconhece mais no resultado de sua atividade, que pertence ao proprietário dos meios de produção. Depois, ele também se separa da própria atividade com a fragmentação do processo produtivo. O trabalho passa a ser estranho ao trabalhador, torna-se um poder autônomo que lhe é muitas vezes hostil. Enfim, com a redução do trabalhador a um simples custo dentro do sistema de produção, mais uma mercadoria entre outras, ocorre a 'reificação' do trabalhador, ou seja, ele se torna uma coisa análoga às máquinas e ferramentas. Mas a consequência mais drástica desse processo de estranhamento é que o trabalhador deixa de se reconhecer como membro da própria espécie humana. Ele se isola e se torna estranho a si mesmo, não podendo dessa forma se transformar num ser genérico, ou seja, num ser livre.

O trabalhador só será livre, segundo Marx, quando não se encontrar mais alienado na relação com o seu trabalho e nas relações sociais das quais participa. A possibilidade de despertar de seu estranhamento, ou seja, de se libertar da exploração de seu trabalho está na superação do modo de produção capitalista. A abolição da propriedade privada dos meios de produção é a condição para efetivar a liberdade porque possibilitaria o retorno do trabalhador a si mesmo como um ser social, isto é, realmente humano.

Definido como sujeito social da liberdade, o trabalhador se converte em sujeito revolucionário que poderá conduzir a história ao seu termo, ao instituir o regime socialista. O acesso ao poder da classe operária tomará então a forma de uma ditadura do proletariado, que será o prelúdio da edificação de uma sociedade comunista onde os meios de produção serão coletivos e democraticamente controlados. Com o comunismo, a vida social não será mais caracterizada pelo antagonismo e concorrência de interesses particulares, mas pela cooperação e ação de todos em função de um interesse coletivo, determinado por um consenso geral. Como o ponto de partida é o interesse coletivo, que fixa as normas reguladoras da vida social, cada ser humano não se sentirá constrangido ao se submeter às normas conducentes aos objetivos fixados pelo interesse coletivo. Ele se sentirá livre; pois, não obedece a determinações que são alheias ou estranhas aos seus próprios interesses, que se confundem com o interesse coletivo.

Hannah Arendt e a liberdade política

Com a mesma intenção de Berlin, mas numa perspectiva completamente distinta, Hannah Arendt publicou o ensaio "What is Freedom?" (1954), no qual sustenta que a liberdade é comumente dissociada da participação política em razão da uma transposição indevida de seu âmbito original, a esfera pública, para o íntimo de cada pessoa e para o campo das atividades privadas. Ela identifica o início desse deslocamento na Antiguidade tardia, quando uma tradição filosófica – refere-se explicitamente a Epicteto, escravo liberto que propagou o médio estoicismo em Roma – passou a defender a superioridade da vida interior sobre a exterior. Para essa tradição, a verdadeira liberdade estava no íntimo de cada um, onde era possível ser senhor de si, independentemente das circunstâncias externas. A abstenção do mundo e da interação com os outros era, então, não apenas recomendável, mas um requisito prévio para se alcançar um modo de vida mais livre e superior.

A concepção de que a verdadeira liberdade era aquela desfrutada no interior de cada um se consolidou, segundo Arendt, com a filosofia cristã, principalmente na obra de Santo Agostinho. A noção agostiniana de livre-arbítrio deslocou a prática do diálogo consigo mesmo, que punha em movimento o pensamento, para o interior da vontade. Ao transportar a experiência do conflito para a vontade, a noção de livre-arbítrio fez da vontade uma faculdade cindida, que quer e não quer ao mesmo tempo. Desse modo, a liberdade deixou de ser manifestada na ação e na associação com os semelhantes, para ser vivenciada no querer e no isolamento do diálogo consigo mesmo. A consequência foi a sua redução ao livre-arbítrio, uma liberdade abstrata que se deparava com dilemas e imobilizava a ação.

Mas, na interpretação de Arendt, antes que se tornasse um atributo do pensamento ou da vontade, a liberdade se manifestava para os antigos no âmbito público, espaço da palavra e da ação, no qual as pessoas se uniam para fazer algo em comum acordo. Tanto a democracia ateniense quanto a república romana asseguravam aos cidadãos o direito de fazer igual uso da palavra (*isegoria*), para discutir e decidir os assuntos comuns. O princípio que garantia esta participação era o da igualdade quanto à capacidade de engendrar a lei e de submeter-se a ela (*isonomia*). A liberdade não se encontrava, assim, no íntimo de cada pessoa, mas na relação entre as pessoas. Não era um conceito filosófico, mas político.

A incompatibilidade entre liberdade e política se acentuou, na avaliação de Arendt, com a crença liberal de que quanto menos política mais liberdade, traduzida na ideia de que quanto menor a interferência do poder público maior é o campo da liberdade individual. Na tradição liberal, a política aparece como o lugar da dominação e da opressão, enquanto a liberdade era identificada com as atividades realizadas pelo indivíduo na esfera da vida privada. Para ser livre, o indivíduo devia ser liberado dos encargos públicos, confiados ao seu representante político, para se ocupar de seus interesses particulares. A função do poder político era garantir a segurança e a ordem pública, assegurando aos indivíduos uma área de atuação livre da interferência de outros agentes.

A interdependência entre liberdade e política ainda se manifestou, segundo Arendt, em alguns momentos da história moderna, notadamente nas revoluções americana e francesa. Mas ela foi definitivamente rejeitada depois da experiência dos regimes totalitários do século XX que, ao promover o domínio e o controle total da vida social, reforçaram a ideia de que a liberdade começa onde a política termina.

Em seu ensaio, Arendt sustenta que a liberdade só se manifesta na esfera pública, quando os indivíduos encontram seus semelhantes para construir algo em comum, e não no âmbito privado ou no íntimo de cada um. Para melhor compreender que ser livre é agir no espaço público, ela recorre à metáfora que os gregos usavam para diferenciar as artes de realização, como tocar flauta ou dançar, das artes de fabricação, como a escultura: enquanto nas artes de fabricação, o artista produz a obra no isolamento e somente depois a expõe ao público, nas artes de realização, o artista executa a obra na presença do público e ela adere à própria execução. A autora também recorre ao conceito de *virtù*, proposto por Maquiavel, que não designa um modo específico de agir, mas a resposta dada por um agente aos desafios postos pela fortuna. A *virtù* representa um conjunto de qualidades que permitem ao agente alcançar seus objetivos de acordo com as circunstâncias e as contingências da ação. Tanto as artes de realização quanto a *virtù* maquiaveliana manifestam a liberdade num certo sentido positivo, enquanto inerente à ação: "Os homens são livres – diferentemente de possuírem o dom da liberdade – enquanto agem, nem antes, nem depois; pois, ser livre e agir são uma única e mesma coisa" (p.199).

Em *The Human Condition* (1958), Arendt propõe uma narrativa sobre a inversão, ocorrida na modernidade, na hierarquia das atividades humanas que resultou na supremacia da esfera privada em detrimento das atividades relacionadas com a liberdade. Ela distingue três espécies de atividades que são fundamentais para a existência humana: trabalho (*labor*), fabricação (*work*) e ação (*action*). O trabalho é a atividade que produz aquilo que o ser humano necessita para a manutenção de sua existência. A fabricação é a atividade que cria instrumentos, artefatos e todos os bens duráveis capazes de reduzir o esforço físico e proporcionar maior estabilidade à existência humana. Já a ação é a atividade que organiza a vida em comum, sendo a única exclusivamente humana, pois o trabalho também é empreendido pelos animais e a fabricação pode ser realizada por máquinas ou ferramentas. Cada uma das atividades tem um lugar privilegiado e uma forma de associação adequada para ser realizada: o trabalho, vinculado à vida biológica, na esfera privada da associação natural; a fabricação, relacionada ao mundo artificialmente criado, no isolamento da vida social; e a ação, associada à pluralidade, no espaço público da sociedade política. Desse modo, o âmbito privado é o espaço ligado à necessidade, onde se realiza o trabalho e a fabricação; e a esfera pública é o lugar da liberdade, onde é possível ver e ouvir os outros, ser visto e ser ouvido pelos outros, a fim de agir em conjunto sobre o mundo compartilhado.

Na interpretação de Arendt, a ação tinha supremacia sobre o trabalho e a fabricação entre os antigos, que enalteciam a atividade política, por compreenderem que somente no espaço público o ser humano podia se realizar e se distinguir, transcender sua condição e se perpetuar no tempo. Para eles, a ação revelava a singularidade do agente e do próprio ato. Era um evento único e espontâneo, que marcava o advento de algo totalmente novo, sem determinação ou finalidade pré-estabelecida. Além disso, na antiguidade, havia uma clara delimitação entre a esfera privada, lugar da hierarquia natural onde predominavam os assuntos decorrentes das necessidades biológicas, e a esfera pública, lugar da pluralidade onde iguais discutiam e deliberavam sobre seu destino comum. Havia também uma relação de interdependência entre a vida privada e a vida pública: para os antigos, a liberdade era precedida pela liberação, isto é, para adentrar na esfera pública era preciso antes estar livre das necessidades do corpo e das relações de domínio do âmbito privado.

Já na modernidade, segundo Arendt, as atividades humanas sofreram uma reviravolta: primeiro, com a valorização das técnicas, a fabricação emergiu como atividade primordial; depois, o trabalho assumiu a proeminência e passou a ser considerado a mais elevada e digna das atividades humanas. A emancipação simbólica do trabalho em relação ao ciclo recorrente das necessidades vitais e a generalização de todas as formas de atividade humana como trabalho contribuíram para a desvalorização da ação. A delimitação entre a esfera privada e a esfera pública também se esvaneceu e as atividades próprias do âmbito privado adentraram o espaço público, constituindo a esfera do social. A manutenção da vida biológica ganhou prioridade e adquiriu preponderância sobre os assuntos públicos. As questões econômicas e privadas ganharam relevância pública. A consequência foi que a política passou a ser submetida aos imperativos das necessidades materiais e submissa aos interesses sociais que a antecediam. Enfim, a política deixou de ser o domínio da ação e passou a designar a negação da própria condição humana.

Em *On Revolution* (1962), Arendt volta a relacionar ser livre com participação política, numa perspectiva próxima da concepção positiva de liberdade. Neste livro, o seu objetivo é resgatar os dois momentos na história moderna – a revolução americana e a revolução francesa – em que a liberdade voltou a ser inerente à ação, no sentido da criação de algo novo, no caso de um novo corpo político e de um novo sistema de poder.

Ela lembra que os colonos americanos e os revolucionários franceses experimentaram a liberdade, mas só depois de terem se libertado da opressão da coroa britânica e do absolutismo real. A libertação era uma condição e estava ligada ao fim da exploração, à limitação do exercício do poder político e à garantia de direitos individuais. Ela tinha um claro sentido negativo, o de não ser oprimido nem dominado. Já a liberdade tinha um sentido positivo e significava mover-se entre iguais para agir. Ela era experimentada no debate e na ação com a efetiva participação política. Desse modo, era possível dizer que a libertação precede a liberdade, no sentido de ser a condição para sua efetivação, pois assegura a ausência de submissão à vontade arbitrária de outrem. Mas a libertação, assim como a liberação das necessidades materiais, não conduz automaticamente à liberdade, pois ser livre implica em agir no espaço público.

Na avaliação de Arendt, se os eventos revolucionários proporcionaram a experiência da liberdade, as revoluções americana e francesa fracassaram na medida em que não conseguiram manter espações públicos capazes de assegurar a ação política. A liberdade vivenciada com a participação política, por exemplo, no sistema de conselhos, no caso americano, ou nas sociedades populares, no caso francês, foi abandonada em favor da preocupação com o bem-estar social. Ela se tornou então privilégio de poucos, os representantes do povo.

Liberdade positiva e os comunitaristas

Entre os defensores contemporâneos de uma concepção positiva de liberdade, destacam-se os autores chamados de comunitaristas, como Alasdair MacIntyre, Charles Taylor, Robert Bellah, Michael Sandel, entre outros. Sem partilhar do ideário socialista, eles denunciam as consequências nefastas do individualismo exacerbado, da neutralidade estatal e de outros princípios liberais que transformam o indivíduo em um ser abstrato e desconectado de sua vida social. Eles criticam o pensamento liberal pela crença de que os indivíduos podem desenvolver e exercitar sua capacidade de autodeterminação fora do ambiente social e do contexto de suas comunidades, por negligenciar as práticas sociais e culturais compartilhadas pelos indivíduos, por minimizar o papel da coletividade na definição do bem comum e por reduzir as normas comuns a regras formais indiferentes aos valores que orientam a vida da comunidade. Na avaliação desses autores, os julgamentos individuais a respeito do bem comum dependem do compartilhamento das experiências comuns e das trocas de deliberação coletiva.

Eles estão convencidos de que os principais problemas das sociedades contemporâneas – fragilização dos laços sociais, isolamento e alienação dos indivíduos, erosão da autoridade pública, corrupção da vida política, falta de engajamento cívico e de sentido do que é o bem comum – são provenientes de uma concepção negativa de liberdade, que privilegia direitos supostamente naturais em detrimento de deveres cívicos. Em geral, para os comunitaristas, a liberdade não é naturalmente dada, mas conquistada e desenvolvida por meio da participação na vida da comunidade da qual se faz parte. Ela é, antes de tudo, uma liberdade pública. Nesse sentido, o ser humano só pode atingir sua autêntica liberdade ao adotar um modo de vida social. Seria então necessário recuperar uma concepção positiva de liberdade, associada ao ideal de autodeterminação conquistado num contexto social e sob determinadas condições sociais.

Charles Taylor, por exemplo, em "What's wrong with negative liberty" (1979), admite a existência de duas concepções de liberdade: a concepção negativa que define liberdade em termos de independência do indivíduo em relação à interferência de outros agentes; e a concepção positiva que vê a efetivação da liberdade, pelo menos em parte, no controle coletivo sobre a vida comum. Ele reconhece que há uma extensa variedade de visões dessas duas concepções e que muitas vezes elas são tomadas em seus extremos, com perspectivas caricaturadas, como a ideia de que a liberdade é simplesmente ausência de obstáculos externos, físicos ou legais, ou a ideia de que a coerção pode ser justificada em nome da liberdade. Mas o que há de relevante na distinção entre elas, em sua avalição, é que a liberdade negativa é um conceito-oportunidade, no sentido de que ser livre é ter o máximo de opções disponíveis independentemente se vão ser ou não adotadas, enquanto a liberdade positiva é um conceito-exercício, no sentido de que ser livre é controlar e governar efetivamente a própria existência, seja individual, seja coletiva. Ao contrário da liberdade negativa que destaca o campo de opções abertas para o agente, enfatizando a capacidade de escolha, a liberdade positiva foca a efetivação de um determinado fim, ressaltando a capacidade de autodeterminação.

Taylor critica a crença liberal de que a liberdade de escolha é inerentemente valiosa, algo a ser buscado por si mesmo, como se quanto mais ela fosse exercida mais o indivíduo seria livre. Ela pressupõe que o valor está na própria escolha e não na atividade que se realiza por meio da escolha. Mas, se a liberdade de escolha é importante para a autodeterminação, ela não pode ser um fim em si mesma ou o valor supremo da existência humana. Há atividades que são mais valiosas do que outras, porque possibilitam a autodeterminação e conduzem o indivíduo para a autorrealização.

Diferentemente da concepção negativa, que demanda a independência do indivíduo frente a todos os obstáculos postos por outros agentes, a concepção positiva exige a discriminação entre os obstáculos, pois alguns representam mais ou menos sérias restrições à autodeterminação. Segundo Taylor, é preciso considerar não apenas seu aspecto quantitativo, mas principalmente seu aspecto qualitativo, pois algumas restrições não são tão relevantes, enquanto outras são extremamente significativas e comprometem definitivamente a autodeterminação dos indivíduos.

A concepção positiva considera ainda as condições de possibilidade da liberdade. Se a liberdade é definida pelo exercício de certas atividades, ela só pode ser conquistada quando os indivíduos dispõem do completo acesso, das capacidades necessárias e dos meios indispensáveis para a realização dessas atividades. Não basta ter inúmeras opções e oportunidades, se elas não são significativas para a autorrealização ou, sendo significativas, se os indivíduos não têm recursos para efetivá-las. A liberdade não é impossibilitada apenas pela presença de obstáculos, mas pela falta de recursos para alcançar a autodeterminação.

A concepção positiva exige também o discernimento das motivações dos indivíduos, pois não pode ser considerado livre aquele que é motivado por razões inautênticas ou falsas razões. Os indivíduos podem ser manipulados ou condicionados na construção de seus desejos, valores e fins. Só pode ser livre aquele que é movido por desejos, valores e fins que não lhe foram impostos ou induzidos por outros agentes, mas escolhidos de maneira consciente e de acordo com suas preferências, ou seja, só pode ser livre aquele que efetiva sua verdadeira e real vontade. Nesse sentido, é fundamental distinguir os desejos, valores e fins superficiais e alheios daqueles autênticos e indispensáveis para a autorrealização. Como os indivíduos vivem em sociedade, os seus desejos, valores e fins são construídos na convivência social; e eles não podem realizar seu verdadeiro propósito fora do contexto de sua vida social, dos valores partilhados com seus semelhantes.

Taylor sustenta que a maioria das teorias negativas da liberdade acabam incorporando alguma noção de autorrealização, algum grau de exercício, sendo impossível um puro conceito-oportunidade. A concepção positiva não é, assim, um ideal incompatível com a concepção negativa, uma vez que a liberdade envolve a remoção de obstáculos, mas vai além dela, pois a simples ausência de restrições não assegura a realização da finalidade da existência humana.

Taylor e os demais autores comunitaristas enfatizam, assim, que a liberdade é conquistada quando se exercem efetivamente certas capacidades inscritas na natureza humana, que é essencialmente racional e moral. A premissa é a mesma dos sistemas éticos da antiguidade, como o aristotélico, segundo o qual a natureza humana possui certos propósitos morais e esses propósitos são essencialmente sociais. Como o ser humano é um animal político engajado na busca do bem, a realização de sua finalidade não pode ter lugar no isolamento, tornando-se possível apenas numa certa forma de comunidade, uma comunidade política de iguais que debatem o justo e cuja existência coletiva está orientada para a procura do bem viver. Por isso, o desenvolvimento da natureza humana só se realiza na vida social, mais especificamente, numa forma de comunidade que possibilite o exercício das potencialidades que contribuam para o bem da comunidade

A liberdade é assim adquirida com a participação efetiva na vida da comunidade da qual se faz parte. Daí a necessidade de construir e manter tal comunidade. Objetivo alcançado pela virtude cívica. A liberdade depende, então, da devoção ao bem comum e do cultivo de virtudes cívicas exigidas para a participação política.

CAPÍTULO 4

A concepção neorrepublicana de liberdade

Nas últimas décadas alguns historiadores das ideias políticas e filósofos políticos têm recorrido ao republicanismo em busca de uma terceira concepção de liberdade, capaz de superar a dicotomia entre a liberdade negativa dos liberais e a liberdade positiva dos socialistas e comunitaristas. Entre eles, destacam-se o historiador Quentin Skinner e o filósofo Philip Pettit.

Skinner e a liberdade neorromana

Em uma série de artigos, tais como "The paradoxes of political liberty" (1984), "The republican ideal of political liberty" (1990) e "A third concept of liberty" (2002), Skinner argumenta que o ensaio de Berlin teria propagado a crença de que a concepção negativa seria a única forma inteligível e desejada de tratar a liberdade, já que a concepção positiva, quando transportada do âmbito individual para o campo social, com sua crença de que há apenas um único bem e um único fim a ser alcançado, conduziria aos regimes totalitários, com sérios prejuízos aos direitos e liberdades individuais.

De acordo com Skinner, o pressuposto de que a ideia de liberdade é essencialmente negativa teria então levado os autores liberais a considerar duas proposições, enunciadas no debate político contemporâneo, como paradoxais ou, no mínimo, contraditórias. A primeira vincula liberdade com autogoverno, ao supor que só é possível ser livre por meio da participação política; e, por isso, os cidadãos devem cultivar as virtudes necessárias para o cumprimento de suas obrigações cívicas. A segunda proposição associa liberdade com constrangimento legal, ao inferir que muitas vezes é necessário que os cidadãos sejam coagidos pela lei a cumprir com seus deveres cívicos, já que eles não o fazem de maneira espontânea. Ora, na perspectiva liberal, seria um equívoco falar que a liberdade exige o engajamento cívico, uma vez que ser livre é não estar submetido a qualquer forma de obrigação; e seria um absurdo ainda maior dizer que a coerção legal pode tornar o cidadão livre, visto que a liberdade é caracterizada pela ausência de constrangimento. Assim, as duas proposições deveriam ser removidas do debate político, porque convertem a ideia de liberdade em algo diferente do que ela realmente significa.

Skinner reconhece que as duas proposições deixam de ser paradoxais ou incoerentes se for adotada a concepção positiva de liberdade em sua vertente comunitarista, visto que ela pressupõe que o ser humano só é completamente e genuinamente livre se ele for bem-sucedido em efetivar a finalidade de sua natureza, que é essencialmente política, mesmo que seja pela coerção legal. Desse ponto de vista, a liberdade só pode ser conquistada pela participação política que conduz ao pleno desenvolvimento do ser humano. Mas, apesar de sua possibilidade teórica, ela é considerada inapropriada ao mundo contemporâneo, pois está fundamentada no antigo monismo moral e metafísico, segundo o qual há um único bem, natural e supremo, um só e autêntico fim que deve ser perseguido por todos.

Se a concepção positiva de liberdade é inadequada aos tempos atuais, Skinner pergunta se não haveria uma concepção negativa de liberdade, compatível com o pluralismo e a diversidade de valores das sociedades modernas, que acolhesse as duas proposições – a necessidade da participação dos cidadãos na vida política; o recurso ao constrangimento legal para que os cidadãos cumpram com seus deveres cívicos – sem gerar contradições. Em sua avaliação tem sido ignorada a tradição republicana de pensar a liberdade na qual se encontra uma concepção negativa, no sentido da ausência de interferência, que inclui o engajamento cívico e a coerção legal. Na tradição republicana, ser livre implica tanto escolher os próprios fins, e os meios adequados para alcançá-los, quanto praticar ações virtuosas que promovam o bem comum; e como tais ações não são espontâneas, seria muitas vezes necessário obrigar os cidadãos a praticá-las por meio das leis civis.

Skinner propõe então retomar a concepção republicana de liberdade que teve sua origem nos escritos de historiadores e filósofos que demonstraram uma profunda admiração pelas instituições da República de Roma, como Tito Lívio, Salústio e Cícero. Entre os benefícios de viver em uma *res publica* ou Estado livre, eles ressaltavam a liberdade pessoal, entendida no sentido da ausência de impedimentos para escolher e perseguir os seus próprios fins. Eles também enfatizavam que só era possível ser livre num Estado livre; e para um Estado ser livre – isto é, ser capaz de agir de acordo com a própria vontade sem depender ou estar submetido a uma outra vontade – era necessário o engajamento de seus cidadãos tanto no combate contra as ameaças externas quanto no governo e na promoção do bem comum. A mesma concepção havia sido recuperada e adaptada pelos humanistas italianos do Renascimento na defesa da liberdade de suas cidades diante do expansionismo de potências estrangeiras e do fortalecimento de regimes autocráticos, encontrando sua mais plena expressão nos escritos republicanos de Maquiavel, em particular nos *Discursos sobre a primeira década de Tito-Lívio* (1531). Ela havia sido posteriormente transportada para a Inglaterra no decorrer do século XVII, sendo decisiva na luta do Parlamento contra o governo arbitrário da dinastia Stuart e na defesa da *Commonwealth* estabelecida em 1649. Em seguida, ela ainda se manifestou na luta dos colonos americanos pela independência e entre os opositores do absolutismo monárquico na França no decorrer do século XVIII, até ser obscurecida nos séculos seguintes pela proeminência da concepção liberal.

Em seus trabalhos dedicados especificamente ao pensamento político de Maquiavel – *Machiavelli: a very short introduction* (1981), "Machiavelli on the Maintenance of Liberty" (1983) e "The idea of negative liberty: philosophical and historical perspectives" (1984) – Skinner procura mostrar que a sua concepção de liberdade acolhe tanto a ausência de interferência quanto a necessidade do engajamento cívico e do constrangimento legal. Ao contrário de intérpretes que denunciam a falta de uma definição precisa de liberdade, ele julga que desde o primeiro capítulo dos *Discursos* é explicitado o que significa ser livre, com a contraposição, baseada nas categorias do direito romano, entre pessoas livres e escravas, ou seja, entre aquelas que podem agir de acordo com a própria vontade e aquelas que dependem da vontade arbitrária de outrem. Como a escravidão é caracterizada pelo constrangimento e pela submissão, fica evidente que a liberdade é definida pela ausência de interferência arbitrária.

Skinner sustenta que a definição se torna ainda mais explícita na observação feita nos capítulos seguintes de que em todo corpo político há dois tipos de cidadãos com disposições contrárias e razões distintas para estimar a liberdade: de um lado, encontram-se os grandes, ou seja, os cidadãos mais eminentes que desejam o poder para dominar; do outro lado, encontram-se os cidadãos comuns, ou seja, o povo que deseja não ser dominado e viver em segurança. Mas tanto os grandes quanto o povo desejam ser tão livres quanto for possível, no sentido de não encontrar obstáculos na realização de seus propósitos. Ambos não querem sofrer interferências arbitrárias no modo de vida que escolheram para si mesmos.

Na interpretação de Skinner, a ideia de liberdade como ausência de interferência arbitrária se manifesta também no vínculo estabelecido por Maquiavel, seguindo a teoria romana dos Estados livres, entre a liberdade do corpo político e a liberdade de seus membros: o corpo político precisa manter sua liberdade, agindo de acordo com sua própria vontade sem ser impedido de fazer uso de seus poderes na realização de seus objetivos, para que os seus membros desfrutem dos benefícios de uma vida livre. Quando um corpo político perde sua independência e sua autonomia, tornando-se sujeito à vontade de uma potência estrangeira ou de um governo tirânico, os seus membros deixam de ser livres e passam a ser constrangidos a realizar os fins escolhidos pelos seus senhores, numa condição análoga à da escravidão.

A fim de combater a ameaça externa Maquiavel

teria proposto a formação de um exército próprio composto por cidadãos. Além de prevenir os costumes ociosos e afeminados, o exército próprio evitaria o recurso às tropas mercenárias e auxiliares, sempre ineficientes e perigosas, e promoveria virtudes, como a coragem e o patriotismo, que são fundamentais para a manutenção da liberdade. Já a ameaça interna seria combatida, por um lado, pela participação dos cidadãos nos assuntos públicos; por outro, pelas boas leis e boas ordenações, que impediriam interferências arbitrárias de poderes discricionários e conduziriam os cidadãos a agir em benefício do bem público. Como a tendência natural do ser humano é para a ociosidade e para a satisfação do próprio interesse, colocando-o acima do bem público, só o poder coercitivo da lei poderia impedir essas forças corruptoras e assegurar a liberdade. A lei seria, então, capaz de preservar a liberdade, não apenas impedindo os outros cidadãos de interferir no âmbito de escolhas e ações que são asseguradas por ela, mas também coagindo o próprio cidadão a cumprir seus deveres cívicos, uma vez que o engajamento cívico é indispensável para manter a liberdade do corpo político.

Desse modo, na avaliação de Skinner, aquelas duas proposições deixam ser paradoxais na perspectiva de Maquiavel. Em primeiro lugar, não haveria incoerência em associar liberdade com participação política, visto que a liberdade dos cidadãos depende de seu engajamento na defesa da pátria contra inimigos externos e de sua atuação nos negócios públicos, evitando que os mais ambiciosos imponham seus propósitos e dominem o corpo político. Em segundo lugar, não haveria contradição em vincular liberdade com coerção legal, visto que os deveres cívicos nem sempre são desempenhados de maneira espontânea e que as leis poderiam coagir os cidadãos a cumpri-los. As duas proposições seriam assim acolhidas por Maquiavel sem fazer apelo a uma concepção positiva de liberdade, ou seja, sem recorrer ao pressuposto de que o ser humano é um ser moral com determinados propósitos, sendo livre somente se realizar plenamente esses propósitos. A participação política não é considerada um bem em si mesmo, um único fim adequado ao ser humano, objetivamente inscrito em sua natureza, mas simplesmente um meio eficiente para que os cidadãos possam efetivar suas escolhas e perseguir os fins desejados. Ora, como seria irracional querer o fim e recusar os meios, os cidadãos devem reconhecer que o engajamento cívico é condição necessária para sua liberdade. Do mesmo modo, eles devem reconhecer que as leis civis são instrumentos indispensáveis, pois asseguram o cumprimento dos deveres cívicos e impedem a submissão a poderes discricionários. Tanto o engajamento cívico quanto a coerção legal seriam então indispensáveis para que os cidadãos pudessem desfrutar da liberdade como ausência de interferência arbitrária na escolha e realização dos próprios fins.

Se a liberdade republicana é inicialmente apresentada por Skinner como uma ideia negativa, diferenciando-se da perspectiva liberal no que se refere às condições necessárias para sua efetivação, nos escritos posteriores é enfatizada mais a sua especificidade e seu vínculo com a teoria romana dos Estados livres. Ela passa também a ser denominada liberdade neorromana em razão de seu enraizamento em categorias do direito romano. Segundo Skinner, tanto no *Digesto* (I.5.3) quanto nas *Instituta* (I.3), a divisão fundamental do direito das pessoas é entre pessoas livres (*liberi*), que são capazes de agir de acordo com a própria vontade, e escravas (*servi*), que dependem da vontade de seu senhor para agir e, por isso, encontram-se sujeitas ou vulneráveis ao seu arbítrio. Em geral, no *Digesto* (I.6.1) e nas *Instituta* (I.3.1-2), a liberdade (*libertas*) é caracterizada pela ausência desse domínio (*dominium*), no sentido de não estar sob o poder (*in potestas*) nem sob o direito de outrem (*alienum iuris*). Desse modo, no direito romano, a falta de liberdade do escravo não é determinada apenas pelo impedimento da ação pela força ou pela sua ameaça, mas é também um corolário de sua condição, pois o escravo depende da vontade de seu senhor para agir.

Em *Liberty before liberalism* (1998), Skinner descreve a apropriação e a utilização da teoria romana dos Estados livres por autores como John Milton, Marchamont Nedham, James Harrington, entre outros, na defesa do regime político estabelecido na Inglaterra, após a execução do rei Carlos I em 1649; e por autores como Henry Neville e Algernon Sidney, na crítica ao governo arbitrário de Carlos II, após a restauração da monarquia em 1660. Assim como Maquiavel, eles pensavam que um corpo político só podia ser considerado livre quando as suas ações são determinadas pela vontade de seus membros, sem estar sujeito ou submetido à vontade arbitrária de uma potência estrangeira ou de um poder discricionário. No campo constitucional, isso implicava que as leis deviam ser decretadas pelo conjunto dos cidadãos ou pelos seus representantes eleitos para exercer a função legislativa, mas sempre com o seu consentimento.

De acordo com Skinner, desde o início da dinastia Stuart, os críticos das prerrogativas reais já argumentavam que, ao depender da vontade discricionária do rei, os súditos ingleses viviam numa condição análoga à da servidão. Isto porque a liberdade não era perdida apenas pela interferência do poder real ou pela sua ameaça verídica, mas também pela condição de estar sujeito à vontade arbitrária do rei. O mesmo argumento foi empregado no período que antecedeu as guerras civis (1642-8), para combater a cobrança de impostos sem o consentimento parlamentar e a prerrogativa real de vetar as leis propostas pelo Parlamento. O regime republicano era, então, enaltecido por impedir a existência de um poder discricionário, ao submeter igualmente todos os cidadãos, até mesmo o mais supremo dos magistrados civis, ao império da lei. O maior benefício de viver num Estado livre era a segurança de desfrutar, sem constrangimentos e sem depender da vontade arbitrária de quem quer que seja, de direitos estabelecidos e assegurados pela força da lei.

Na avaliação de Skinner, esses autores ingleses adotaram uma concepção negativa de liberdade no sentido de ausência de interferência, mas de modo diferente daquele encontrado em Hobbes, pois eles rejeitavam a ideia de que os impedimentos efetivos constituíam a única forma de restrição à liberdade. Eles alegavam que viver numa condição de submissão e dependência era também uma forma de constrangimento que restringia a liberdade da mesma maneira. A crítica de Harrington a Hobbes explicitava muito bem essa diferença.

No capítulo XXI do *Leviathan*, depois de afirmar que a liberdade civil está em todas as coisas que não são proibidas pelas leis civis, Hobbes sustenta que a liberdade exaltada pelos historiadores e filósofos antigos era a liberdade das cidades e não a liberdade dos cidadãos, como afirmavam os defensores da *Commonwealth*. Quando os antigos enalteciam a liberdade dos atenienses e dos romanos, eles estavam enfatizando que Atenas e Roma eram livres, já que dispunham de plena independência externa e autonomia interna para agir de acordo com seus propósitos. Eles jamais sustentaram que os cidadãos atenienses ou romanos estavam isentos das leis civis. Ao contrário, eles sempre reconheceram que todos os cidadãos estavam obrigados a respeitar as leis de suas cidades. Ao fazer então referência às torres da cidade de Lucca, nas quais se encontrava a palavra *libertas*, Hobbes argumenta que não é possível inferir que os cidadãos de Lucca, por ser uma república, possuíam maior liberdade em relação às leis da cidade do que os súditos do sultão de Constantinopla, porque em todas as formas de governo a liberdade é sempre a mesma: ela depende do silêncio das leis civis.

No discurso preliminar de *The Commonwealth of Oceana* (1656), Harrington denuncia um erro gramatical na argumentação de Hobbes, pois afirmar que um cidadão de Lucca não tem mais liberdade face às leis de sua cidade do que um súdito do sultão face às leis de Constantinopla é diferente de afirmar que um cidadão de Lucca não tem mais liberdade pelas leis de sua cidade do que um súdito do sultão pelas leis de Constantinopla. A primeira proposição significa que nenhum cidadão está isento das leis de sua cidade; e isto serve realmente para qualquer regime político, já que é inegável que todos os cidadãos estão sujeitos às leis estabelecidas pelo governo, seja numa república, seja num sultanato. Já a segunda proposição diferencia os dois regimes, pois os cidadãos de Lucca têm mais liberdade em virtude das leis de sua cidade do que os súditos do sultão. A liberdade em Constantinopla, por maior que seja sua extensão, permanece inteiramente na dependência da vontade arbitrária do sultão, que age como senhor de seus súditos. Ao contrário, os cidadãos de Lucca estão sujeitos apenas às leis da cidade, às quais deram seu consentimento e às quais todos estão igualmente submetidos, inclusive os magistrados que exercem o governo; e isto os torna mais livres do que os súditos do sultão.

Skinner enfatiza que a liberdade para Harrington, como para os demais autores que defenderam a *Commonwealth*, não era restringida apenas pela interferência efetiva nas escolhas e ações dos indivíduos, mas também pela sujeição e dependência em relação a uma vontade arbitrária. A condição de estar à mercê de um poder discricionário era para eles fonte e forma de constrangimento, pois gerava atitudes de servidão ou submissão, que eram incompatíveis com a liberdade. A fim de evitá-las, era necessário assegurar a existência de um Estado livre, que exigia por sua vez o engajamento cívico e, muitas vezes, a coerção das leis civis. Assim como no pensamento republicano de Maquiavel, eles consideravam a participação política e o constrangimento legal instrumentos indispensáveis para garantir a liberdade pessoal, entendida como ausência de interferências arbitrárias na escolha e realização dos próprios fins.

Em seus últimos artigos sobre a liberdade política, como "Freedom as the Absence of Arbitrary Power"

(2008), Skinner admite que sua formulação inicial da concepção republicana tinha alguns problemas. O primeiro vinha de sua interpretação de que a liberdade na tradição republicana era suprimida tanto pela interferência quanto pela dependência de uma vontade arbitrária. Aceitando a crítica feita por Pettit, em "Keeping Republican Freedom Simple: on a difference with Quentin Skinner" (2002), ele passa a reconhecer que a capacidade de interferir nas escolhas e ações de uma pessoa ou de submetê-la à sua vontade depende da posse prévia de um poder arbitrário. Assim, é a presença do poder arbitrário que constitui a principal ofensa à liberdade.

O segundo problema vinha de sua afirmação de que era possível tornar alguém livre por meio da coerção, desde que esta coerção fosse exercida em benefício daquele que sofria o constrangimento. O mal-entendido gerado por esta afirmação poderia ser resolvido, segundo Skinner, com a distinção entre desfrutar da liberdade como homem livre e como escravo. É possível desfrutar da liberdade como homem livre, quando ela é restringida apenas pelo consentimento. A lei civil, por exemplo, quando decretada pelo consentimento dos cidadãos, interfere em suas escolhas e ações, mas não estabelece uma relação de dependência, pois não impõe uma restrição particularizada, mas geral, e não expressa a vontade de um poder arbitrário, mas a vontade pública que objetiva o interesse comum. Desse modo, um cidadão aprisionado por descumprir a lei, a qual dera seu consentimento, mantém a condição de homem livre, embora esteja desprovido de uma de suas liberdades civis. Ao contrário, é possível desfrutar da liberdade como escravo, quando o senhor lhe permite um amplo campo de ação. No entanto, mesmo que disponha de uma ampla liberdade de escolha e de ação, ele não é um homem livre, pois depende permanentemente da permissão daquele que dispõe de um poder arbitrário sobre ele.

Assim, conclui Skinner, o ponto central da concepção republicana ou neorromana é que a liberdade não é suprimida apenas pela interferência ou pelo constrangimento, mas também pela presença de um poder arbitrário.

Petit e a liberdade como ausência de dominação

Em seus primeiros ensaios dedicados à liberdade política, como "A definition of negative liberty" (1989), "The Freedom of the City: a republican ideal" (1991), "Negative Liberty, Liberal and Republican" (1993) e "Liberalism and Republicanism" (1993), seguindo a narrativa e a interpretação histórica de Skinner, Pettit avalia que a dicotomia enunciada por Berlin – liberdade negativa e liberdade positiva – esconde uma distinção entre duas versões da liberdade negativa: a versão mais recente da tradição liberal, herdada da modernidade, e a versão mais antiga da tradição republicana, derivada da antiguidade romana e retomada no Renascimento e no início da modernidade. Ambas concebem a liberdade como um valor político supremo no sentido de ausência de interferência, mas enquanto a liberal foca simplesmente a situação efetiva, sem considerar a fragilidade ou a vulnerabilidade da exposição à interferência, a republicana se preocupa com a não interferência resiliente, ou seja, com a sua permanência em qualquer circunstância. As duas tradições se diferenciam assim nas condições para ser livre: na versão liberal, basta a ausência de interferência; já na versão republicana, é preciso também ter a proteção e a segurança contra interferências arbitrárias.

Outra diferença apontada por Pettit é de que a versão liberal enfatiza a quantidade de não interferência, enquanto a versão republicana preocupa-se com a qualidade da não interferência resiliente. Na concepção liberal centrada na quantidade, embora a lei seja justificada por inibir interferências possivelmente mais danosas, ela é uma forma de restrição que impede a liberdade. Já na concepção republicana centrada na qualidade, a lei é um elemento fundamental para tornar a liberdade possível, pois ela estabelece a resiliência necessária para que a liberdade possa ser desfrutada com segurança. A lei não é considerada um ataque à liberdade, mas imprescindível para a sua efetivação, na medida em que ela livra os cidadãos de interferências arbitrárias, seja de outros cidadãos, seja do poder público. Desse modo, o oposto da liberdade na versão liberal é qualquer forma de interferência, enquanto na versão republicana é a submissão ao poder discricionário, isto é, qualquer condição na qual se esteja subjugado, indefeso e vulnerável à vontade arbitrária de outrem.

Em "Freedom as Antipower" (1996), Pettit volta a enfatizar que o oposto da liberdade na tradição republicana é a submissão a um poder arbitrário e passa a associar submissão com dominação, exemplificada historicamente pela condição do escravo, ou seja, daquele que se encontra permanentemente sujeito à interferência arbitrária de um senhor. A principal questão enfrentada neste ensaio é como proteger as pessoas de situações de submissão ou dominação. De acordo com Pettit, é possível compensar o desequilíbrio nas relações em que certas pessoas dispõem tradicionalmente de algum grau de poder discricionário sobre outras de três maneiras: regulando o uso dos recursos dos mais poderosos, em particular aqueles recursos que facilitam a dominação; fornecendo aos menos favorecidos proteção legal contra os abusos dos poderosos; e concedendo recursos básicos, principalmente aos mais vulneráveis, para enfrentar as ameaças de dominação.

A definição de liberdade como ausência de dominação se consolida em seu livro *Republicanism: a Theory of Freedom and Government* (1997), cuja intenção é recuperar uma concepção de liberdade, pensada no início da modernidade para uma elite de cidadãos, em geral ricos proprietários, e reintroduzi-la na contemporaneidade como um ideal normativo para todos os cidadãos. O interessante é que a concepção republicana é agora apresentada como intermediária, tendo em comum com a liberdade negativa o fato de se caracterizar pela ausência de algo e com a liberdade positiva o foco no domínio. Mas, ao se definir pela ausência de domínio, ela escaparia da polarização dominante no debate contemporâneo, constituindo-se numa terceira via, radicalmente distinta e com diferentes exigências institucionais, em particular em relação à forma de governo.

Segundo Pettit, a liberdade republicana é claramente distinta da liberdade positiva, uma vez que a ausência de dominação não implica no domínio sobre si mesmo, nem mesmo o garante. O autodomínio pode ser até mais acessível ou mesmo promovido numa sociedade que assegure por meios institucionais a ausência de dominação, mas ele não se realiza apenas com isso. Ela também se diferencia da liberdade positiva, no sentido de autogoverno democrático, visto que ela é associada pelos autores da tradição republicana mais à segurança e à proteção institucionalizada contra interferências arbitrárias do que ao exercício popular do poder político. Se a participação democrática é vista muitas vezes como a salvaguarda da liberdade, ela é considerada apenas um dos meios, não necessariamente indispensável, para sua efetivação, não tendo conexão com a definição de liberdade.

Já em relação à liberdade negativa a diferença não é considerada tão evidente, já que as duas se caracterizam pela ausência de algo. Pettit destaca então duas maneiras de diferenciá-las. A primeira é que elas se definem em contraposição a males diferentes: interferência e dominação, que não estão necessariamente associadas. A ausência de interferência não implica na ausência de dominação, visto que é possível estar sob o domínio de alguém sem sofrer interferência. Isto pode acontecer por diversos motivos: as escolhas e ações realizadas coincidem com a vontade de ambos; não haver disposição da parte de quem detém o poder arbitrário em interferir em determinadas escolhas e ações; o fato daquele que detém o poder de interferir ser induzido a não fazê-lo etc. Se do ponto de vista da concepção negativa a liberdade é mantida, já que não houve interferência efetiva, do ponto de vista da concepção republicana a liberdade está totalmente comprometida, visto que, se não houve interferência, esta pode ocorrer, de acordo com o arbítrio de quem detém tal poder. Do mesmo modo, a ausência de dominação não implica em ausência de interferência, uma vez que é possível sofrer interferência sem ser dominado. Isto pode acontecer quando há interferência com o consentimento, no interesse e sob o controle de quem a sofre. Se do ponto de vista da concepção negativa a liberdade está comprometida, porque houve interferência, do ponto de vista da concepção republicana a liberdade é mantida, porque a interferência não foi arbitrária. Assim, pode haver domínio sem interferência e pode haver interferência sem domínio.

A segunda maneira apresentada para diferenciá-las é que o ideal de não interferência envolve uma condição de contingência – a pessoa pode não sofrer interferência por causa de sua sorte, por causa das circunstâncias etc. – enquanto o ideal de não dominação evita esta condição de contingência – a pessoa não sofre interferências arbitrárias porque está institucionalmente protegida contra elas.

Pettit ressalta ainda a necessidade de caracterizar melhor a dominação, tendo em vista que ela se apresenta como o oposto da liberdade. A dominação é então definida como a capacidade efetiva para interferir de maneira arbitrária – de modo mais ou menos intencional por meio da coerção corporal, coerção da vontade ou manipulação – em determinadas escolhas e ações que uma pessoa é capaz de realizar, sem considerar o seu interesse ou a sua opinião. Ela envolve também a consciência do controle discricionário por parte de quem detém esta capacidade, a consciência de vulnerabilidade por parte daquele que está sujeito ao controle e a mútua consciência de ambas as partes.

A fim de evitar a dominação, Pettit destaca duas estratégias, já abordadas em outros ensaios como "Republican Political Theory" (1997) e "Freedom with Honor: A Republican Ideal" (1997): a estratégia do poder recíproco, que consiste em prover recursos, da maneira a mais equitativa possível, para que todos possam se defender de interferências arbitrárias; e a estratégia da disposição constitucional, que consiste no estabelecimento de uma autoridade pública com poder suficiente para impedir interferências arbitrárias. A sua maior aposta parece ser na atuação da autoridade pública. Isto porque, se o ideal de liberdade como não dominação é um bem pessoal, dificilmente pode ser alcançado de maneira satisfatória sem a ação de uma autoridade pública, em razão das desigualdades sociais, econômicas e culturais entre os indivíduos. Porém, Pettit adverte que cabe a esta autoridade promover a maximização da liberdade, sem que ela mesma se torne um agente de dominação. A liberdade como não dominação é, portanto, um valor político supremo, que se realiza nas instituições, no sentido de que ela é constituída, não causada, pelos arranjos e mecanismos constitucionais que a estabelecem.

Em seus escritos posteriores, Pettit procura esclarecer e precisar a sua concepção de liberdade, respondendo às objeções e críticas feitas ao seu modelo normativo. Em "Agency-Freedom and Option-Freedom" (2003), ele reconhece que o debate sobre a liberdade tem sido pautado por três principais perspectivas. A primeira, caracterizada pela ausência de limitação, alega que a liberdade é determinada pela quantidade e pela diversidade de opções ou de escolhas que uma pessoa dispõe dentro de um determinado contexto. A segunda perspectiva foca a restrição nas escolhas e ações de uma pessoa e sustenta que a liberdade é determinada pela ausência de interferência intencional ou quase intencional de outros agentes nessas escolhas e ações. A terceira, caracterizada pela ausência de dominação, prioriza a liberdade da pessoa e não a quantidade de opções ou de escolhas disponíveis; trata a liberdade como uma questão eminentemente social, desfrutada por aqueles que dispõem da proteção institucional contra interferências arbitrárias. Nesse ensaio, o ideal de liberdade como não interferência é considerado instável e confuso, porque parece se preocupar ora com as escolhas, ora com a pessoa, sem responder adequadamente a nenhuma das duas preocupações. Já os ideais de liberdade como ausência de limitação e como ausência de dominação são avaliados como compatíveis, diferenciando-se na ênfase dada às propriedades das opções ou das pessoas.

No ensaio "Republican Freedom: Three Axioms, Four Theorems" (2008), Pettit propõe reformular a concepção de liberdade como não dominação de uma maneira mais formal e mostrar sua proximidade com as teorias de liberdade puramente negativa propostas por Ian Carter e Matthew Kramer. A nova formulação recorre à noção de controle e concebe a liberdade como a ausência de controle alheio sobre as escolhas. Pettit reconhece que a noção de controle não está tão presente na tradição republicana como a noção de dominação, mas ela expressaria melhor a conexão entre liberdade e interferência, ao considerar o controle alheio como elemento que altera as condições de escolha.

A noção de controle alheio – também qualificado de hostil, ofensivo e não deliberativo – e a ênfase na liberdade de escolha continuam presentes em seus últimos escritos. No capítulo inicial de *On the people's terms: a republican theory and model of democracy* (2012), Pettit reconhece que o republicanismo concentrou tradicionalmente sua atenção na liberdade da pessoa mais do que na liberdade de escolha. Mas alega que, ao saber o que a liberdade de escolha requer, é possível representar o status da liberdade da pessoa como uma função de sua liberdade sobre um conjunto comum de escolhas, assegurada com base em normas e leis comuns. Assim, concentra sua análise sobre o que reduz a liberdade de escolha. Mais uma vez sustenta que ela é reduzida por um obstáculo para qualquer das opções disponíveis e não somente para a opção preferida. Sobre os possíveis obstáculos, volta a distinguir aqueles que comprometem a escolha – como a imposição de uma vontade arbitrária ou de um controle alheio sobre a capacidade de fazer uso dos recursos (naturais, pessoais ou sociais) necessários para satisfazer a própria vontade – daqueles que a condicionam – como restrições provenientes da falta de recursos ou do mútuo consentimento que limitam o conjunto de opções – e a sustentar que a interferência consentida e controlada, realizada de acordo com determinadas regras e procedimentos, não representa necessariamente uma ofensa contra a liberdade. Apenas a restrição de escolha proveniente de uma interferência não controlada, em razão da sujeição à vontade de outrem, é que pode ser qualificada como um ataque à liberdade.

Conclusão

O projeto dos neorrepublicanos de recuperar uma terceira concepção de liberdade da tradição republicana tem sido enaltecido principalmente pela intenção de superar a dicotomia entre a liberdade negativa dos liberais e a liberdade positiva dos socialistas e comunitaristas. No entanto, ele parece ter dois grandes problemas.

O primeiro é a interpretação histórica da concepção republicana de liberdade proposta por Skinner e mantida por Pettit. Sem entrar na discussão sobre os princípios metodológicos que a sustentam, ela parece ser, no mínimo, problemática principalmente sob dois aspectos. O primeiro é a afirmação de que a liberdade é definida por Maquiavel de maneira clara e precisa no sentido negativo. Ora, é notório que o termo liberdade aparece na obra maquiaveliana com uma tal pluralidade e diversidade de sentidos que não é possível extrair uma única definição. Além disso, o contraste acentuado entre homens livres e escravos, tão decisivo na argumentação de Skinner, é utilizado por Maquiavel para descrever a criação de novos corpos políticos por estrangeiros com a intenção de sublinhar a liberdade do fundador no momento da fundação e não para diferenciar aqueles que agem de acordo com a própria vontade daqueles que estão sujeitos à vontade arbitrária de outrem. Porém, o pior é a suposição de que grandes e povo desejam o mesmo, isto é, ser livres no sentido de não sofrer interferências arbitrárias na realização de seus propósitos. Skinner ignora a principal consequência da afirmação maquiaveliana de que em todos os corpos políticos há dois humores contrários, dos quais nascem dois apetites opostos: o desejo dos grandes de comandar e oprimir; e o desejo do povo de não ser comandado ou oprimido. Se os dois desejos podem ser afirmados concomitantemente, eles não podem ser plenamente satisfeitos ao mesmo tempo, porque a realização de um implica a impossibilidade de efetivação do outro. Em razão da tensão irredutível entre desejos assimétricos, surge um conflito inevitável e insuperável em todo corpo político. Não há, assim, identidade possível entre desejos que se definem no confronto. Além do mais, se o desejo dos grandes pode ser associado a uma concepção negativa de liberdade, pois eles não querem sofrer interferências em seu projeto de dominar, o mesmo não pode ser dito do desejo do povo. Para não ser dominado, o povo precisa agir, muitas vezes fora das instituições, resistindo ao apetite dos grandes, numa luta permanente contra a ambição daqueles que querem dominá-lo.

O segundo aspecto problemático da interpretação

de Skinner é o pressuposto, a partir da tese de John Pocock exposta em *Machiavellian Moment* (1975), de que o republicanismo inglês foi um momento maquiaveliano que manteve a mesma concepção de liberdade. Se, de fato, alguns autores britânicos, como Marchamont Nedham, James Harrington e Algernon Sidney utilizaram argumentos retirados da obra de Maquiavel para apoiar o regime republicano estabelecido na Inglaterra em 1649, eles não assumiram os seus pressupostos. Por exemplo, se eles seguiram a recomendação de que o povo deveria ser o guardião da liberdade, eles não o fizeram com base no inevitável conflito entre grandes e povo. Ao contrário, muito mais próximos do republicanismo antigo, que estabelecia a unidade e a harmonia como condição para desfrutar da liberdade, eles consideravam necessário evitar os conflitos, uma vez que seriam sempre perniciosos para o corpo político. Assim, eles abandonaram o que havia de mais original no pensamento político de Maquiavel, afastando-se de sua concepção de liberdade.

O segundo grande problema do projeto neorrepublicano é a manutenção do ensaio de Berlin como a principal referência para o debate contemporâneo sobre a liberdade. Escrito em um contexto de intensa polarização entre as democracias liberais ocidentais e os regimes comunistas do leste europeu, as categorias utilizadas no ensaio – liberdade negativa e liberdade positiva – parecem estar carregadas de conteúdo programático, determinado pelo confronto ideológico da Guerra Fria. Além das circunstâncias históricas nas quais o ensaio foi escrito, condicionando a discussão muitas vezes a propósitos práticos de combate ao comunismo, a oposição enunciada entre liberdade negativa e liberdade positiva restringe o problema filosófico da liberdade política a um horizonte muito estreito. Como toda dicotomia, apesar de didática, é extremamente redutora. A solução neorrepublicana permanece fechada no quadro conceitual enunciado por Berlin, na medida em que a sua concepção de liberdade é apresentada, seja como uma espécie de liberdade negativa, seja como um meio-termo entre a liberdade negativa e a liberdade positiva.

Se, de um lado, é preciso, então, escapar da dicotomia redutora e ideologizada de Berlin e ampliar o horizonte da discussão; de outro, é necessário recuperar uma concepção republicana de liberdade mais fiel às várias expressões históricas do pensamento republicano, que pode realmente contribuir para o debate político contemporâneo. Mas isto é tarefa para um outro trabalho, que exige mais espaço do que este livro introdutório.

Referências bibliográficas

Capítulo 1

BERLIN, Isaiah. "Two Concepts of Liberty". In: *Four Essays on Liberty*. Oxford: Oxford University Press, 1969, p.118-172.

_____. "The Idea of Freedom". In: *Political Ideas in the Romantic Age* (ed. Henry Hardy). London: Pimlico, 2007, p. 88-154.

_____. "Two Concepts of Freedom: Romantic and Liberal". In: *Political Ideas in the Romantic Age* (ed. Henry Hardy). London: Pimlico, 2007, p. 155-207.

BOSANQUET, Bernard. *The Philosophical Theory of the State*. New York: The Macmillan Company, 1899.

CONSTANT, Benjamin. "Da liberdade dos antigos comparada à dos modernos". *Filosofia Política* Vol.2. Porto Alegre: LPM, 1985, p.9-25.

GREEN, Thomas Hill. *Lectures on the Principles of Political Obligation*. London: Longmans, Green and CO., 1895.

RUGGIERO, Guido. *Storia del Liberalismo Europeo*. Bari: Gius.Laterza & Figli, 1925.

Capítulo 2

CHAPPELL, Vere. *Hobbes and Bramhall on Liberty and Necessity*. Cambridge: Cambridge University Press, 1999.

HAYEK, Friedrich. *The Constitution of Liberty*. Chicago: University of Chicago Press, 1960.

HOBBES, Thomas. *The Elements of Law Natural and Politic* (ed. J.C.A. Gaskin). Oxford: Oxford University Press, 1994.

_____. *Do Cidadão* (trad. Renato Janine Ribeiro). São Paulo: Martins Fontes, 1992.

_____. *Leviathan* (ed. C.B. Macpherson). London: Penguin Books, 1985.

LOCKE, John. *Two Treatises of Government* (ed. Peter Laslett). Cambridge: Cambridge University Press, 2000.

MACCALLUM, Gerald. "Negative and Positive Freedom". *Philosophical Review*, 76, 1967, p.312-34

MILL, John Stuart. *On liberty and the subjection of women*. London: Penguin, 2006.

NOZICK, Robert. Anarchy, State, and Utopia. New York: Basic Books, 1974.

RALWS, John. *A Teory of Justice*. Harvard: Harvard University Press, 1971.

_____. *Political Liberalism*. New York: Columbia University Press, 1993.

SKINNER, Quentin. *Hobbes and Republican Liberty*. Cambridge: Cambridge University Press, 2008.

Capítulo 3

ARENDT, Hannah. "Que é liberdade?". In: *Entre o passado e o futuro*. São Paulo: Perspectiva, 2005, p. 188-220.
_____. *A condição humana*. São Paulo: Forense Universitária e EDUSP, 2008.
_____. *Sobre a Revolução*. São Paulo: Companhia das Letras, 2011.
MARX, Karl. *Manifesto Comunista*. São Paulo: Boitempo Editorial, 2010.
_____. *A ideologia alemã*. São Paulo: Boitempo Editorial, 2007.
_____. *Manuscritos econômico-filosóficos*. São Paulo: Boitempo Editorial, 2004
_____. *A miséria da filosofia*. São Paulo: Global, 1989.
_____. *Para a crítica da economia política*. São Paulo: Editora Abril (Os Economistas), 1982.
ROUSSEAU, Jean-Jacques. *Oeuvres Complètes* V.III. Paris : Éditions Gallimard, 1964.
_____. *Discurso sobre a origem e os fundamentos da desigualdade entre os homens* (trad. Lourdes S. Machado). São Paulo: Editora Abril (Os Pensadores), 1983.
_____. *Do Contrato Social* (trad. Lourdes S. Machado). São Paulo: Editora Abril (Os Pensadores), 1983.
TAYLOR, Charles. "What's wrong with negative liberty". In: Ryan, Alan (ed.) *The Idea of Freedom*. Oxford: Oxford University Press, 1979, p.175-193.

Capítulo 4

HARRINGTON, James. *The Commonwealth of Oceana* (ed. J. A. G. Pocock). Cambridge: Cambridge University Press, 2012.
PETTIT, Philip. "A definition of negative liberty". *Ratio*, vol.2, 1989, p. 153-168.
_____. "The Freedom of the City: a republican ideal". In: Hamlin, Alan (ed.) *The Good Polity: normative analysis on the State*. Oxford: Basil Blackwell, 1989.
_____. "Negative Liberty, Liberal and Republican". *European Journal of Philosophy*, n.1, 1993, p.15-38.
_____. "Liberalism and Republicanism". *Australian Journal of Legal Philosophy*, vol. 28, n. 2, 1993, p. 162-189.
_____. "Freedom as Antipower". *Ethics*, vol. 106, n. 3, 1996, p. 576-604.

_____. "Republican Political Theory". In: Andrew Vincent (ed.). *Political Theory: Tradition, Diversity and Ideology*. Cambridge: Cambridge University Press, 1997, p. 112-132.

_____. *Republicanism: a Theory of Freedom and Government*. Oxford: Oxford University Press, 1997.

_____. "Freedom with Honor: A Republican Ideal". *Social Research*, vol. 64, 1997, p. 52-76.

_____. "Agency-Freedom and Option-Freedom". *Journal of Theoretical Politics*, 2003, v.15, n.4, p.387-403.

_____."Keeping Republican Freedom Simple: on a difference with Quentin Skinner". *Political Theory*, 2002, v.30, n.3, p.339-356.

_____. Republican Freedom: Three Axioms, Four Theorems". In C .Laborde e J.Maynor (eds,) *Republicanism and Political Theory*. Oxford: Blackwells, 2008, p. 102-130.

_____. *On the people's terms: a republican theory and model of democracy*. Cambridge: Cambridge University Press, 2012.

SKINNER, Quentin. *Machiavelli: a very short introduction*. Oxford: Oxford University Press, 1981.

_____. "Machiavelli on the Maintenance of Liberty". *Politcs*, vol.18, n.2, 1983, p.3-15.

_____."The idea of negative liberty: philosophical and historical perspectives". In: R. Rorty, J. Schneewind and Q. Skinner (eds.) *Philosophy in History*. Cambridge: Cambridge University Press, 1984, p.193-221.

_____."The paradoxes of political liberty". *The Tanner Lectures on Human Values*, 1984, p.227-250.

_____. "The republican ideal of political liberty". In: Gisela Bock (ed.) *Machiavelli and Republicanism*. Cambridge: Cambridge University Press, 1990, p.293-309.

_____. *Liberty before liberalism*. Cambridge: Cambridge University Press, 1997.

_____. "A third concept of liberty". *Prodeedings of the Bristish Academy*, n.117, 2002, p.237-268.

_____. *Freedom as the Absence of Arbitrary Power"*. In: Laborde, C. *Republicanism and Political Theory*. London: Blaclwell Publishing, 2008, p. 83-101.